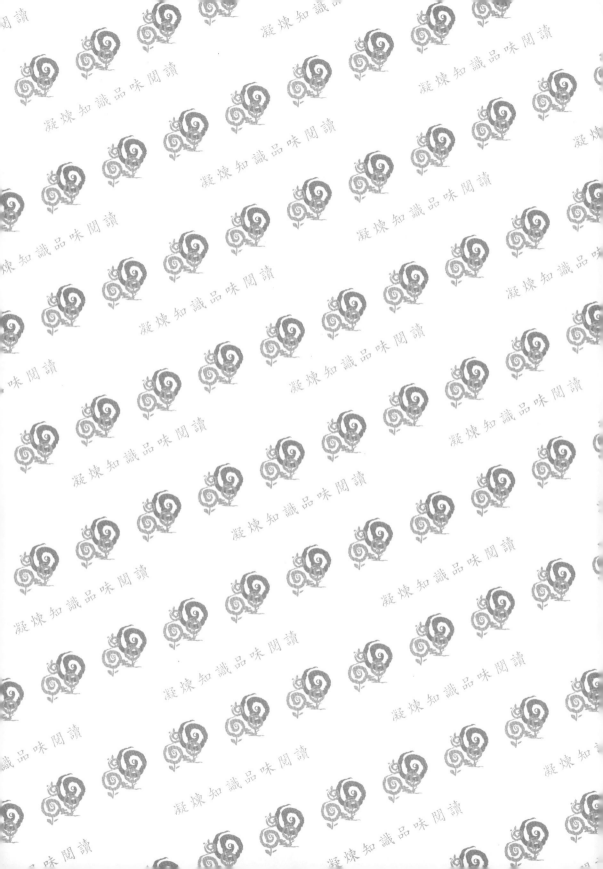

跟蹤騷擾防制法逐條釋論

蔡震榮/主編

蔡震榮、黃瑞宜、林朝雲、李錫棟、劉育偉、許福生/著

五南圖書出版公司 印行

序言 PREFACE

　　跟騷法已於2022年6月1日實施。本法制定時可能時間過於匆促，因此，仍出現若干不足與缺陷。本法草擬制定時，參考了日本糾纏行為規制法，引進了警察警告之設計，但本法警察之告誡屬行政處分，其性質仍有別於日本警察之警告（事實行為），本法第4條第2項以及第3項卻對警察處分不服，僅得聲明異議，不得再提抗告之救濟設計，恐有問題。

　　另本法有關民事保護令制度之設計，係參考家庭暴力防治法，其聲請程序以及法院審理之規定，除有本法第8條以及第10條，類似家庭暴力防治法第13條規定外，卻又增加了第9條非訟事件處理之程序規定，似屬多餘，有畫蛇添足之憾。

　　最有爭議的是，本法第3條第1項列舉八項跟騷行為，該項規定卻不分輕重地，同時作為警察之告誡、民事保護令聲請以及提告刑事之要件，這是非常不合常理的立法設計，未來有必要再做細緻規劃之規定。

　　本書係由本人召集玄奘法律系教師共同著作，黃瑞宜老師負責日本糾纏行為規制法之介紹，逐條除本人負責第9條外，其餘各條則由本系李錫棟、林朝雲以及劉育瑋老師共同完成之，在此感謝系上老師的參與。另外，本書也邀請警察大學許福生教授，撰寫實務案件之分析，在此感謝許老師願意協助。

蔡震榮 敬上

2022年6月24日

目 錄 CONTENTS

第一篇

跟騷法程序規定與現行
相關法規範比較分析

前言

　　民國110年12月1日總統公布跟蹤騷擾防治法（以下簡稱跟騷法），公布後六個月實施，跟騷法於111年6月1日施行。

　　跟騷法之制定，乃係因我國目前現行法制規範不足遏止跟騷之惡行。我國相關規範與性有關，有性平三法（性別工作平等法、性別平等教育法、性騷擾防治法）以及家庭暴力防治法，前者並非只針對跟騷行為[1]，其中較有關聯者，為性騷擾防治法[2]，但其仍與跟騷法有所區隔，而後者（家暴法）雖與跟騷有關，但適用對象僅限於現有或曾有同居關係、家長家屬或家屬間關係，範圍過於狹隘；社會秩序維護法雖有跟追之規定（第89條第2款），但該法罰則過低，不足以制裁跟騷之惡行。因此，乃研擬制定跟騷法，並提高對跟騷行為之制裁，先採取保護令，後有刑事責任之規定。

　　制定之起因，為何將跟騷行為限定跟性有關，乃為避免涉及範圍過大與舉證困難。但卻與現行法制之性平三法以及家庭暴力防治法，產生規範重疊之嫌疑，尤其家暴法，如家暴法將其規範適用範圍擴及一般人時，即無制定跟騷法之必要[3]。

　　本法之制定在程序上主要參考日本糾纏行為規制法，採取先行政後司法，程序規定在本法第4條以及第5條，係採警察機關先行受理跟蹤騷擾案件，並經調查屬實，警察會施作書面告誡行為人。第5條規定，受告誡二年內，行為人如果再為跟蹤騷擾時，被害人得向法院申請保護令。在此程序規範中，並非即時採刑事手段，此種制度之設計，儼然與日本及德國有別，可謂為我國所獨創。

---

[1] 性別工作平等法平除規範性騷擾之防治外，尚且包括性別歧視之禁止；性別平等教育法則包括校園性侵害、性騷擾及性霸凌之防治；性騷擾防治法則以性騷擾為中心。

[2] 本法第3條所稱「違反其意願且與性或性別有關」即參考性騷擾防治法第2條規定而來。

[3] 德國法之暴力防治法即屬如此規定，有關跟騷規定即制定在刑法分則中。

貳　制定之原因

　　有鑑於近年來發生多起民眾遭跟蹤、騷擾，進而衍生被傷害或致死案，例如發生在2014年9月間的台大宅男殺人案，以及2017年12月間世新大學一名男大生，癡狂苦追學妹五年，還不斷跟蹤，並某日預藏水果刀，尾隨學妹到教室外亮刀追殺，被抓頭撞牆、壓在桌上連刺3刀，在場學生嚇壞，助教喝令時男大生才棄刀。

　　上述案件雖有性別平等教育法的適用，但該法只針對校園事件，學校針對該類事件只能依學校所設之性別平等教育委員會調查處理，而無法對該事件的跟騷行為採取進一步措施，而跟騷法即屬彌補此項缺失[4]。

　　且因目前社會秩序維護法第89條第2款跟追規定係採行政罰鍰，不足以遏止跟騷行為；又家庭暴力防治法規範範圍過窄，而有必要制定專法，乃參考各國立法例，並提高跟騷行為之法律責任。

　　美國於1990年加州首先制定反跟蹤法案，以及1996年聯邦法Interstate Stalking Punishment and Prevention Act，和各類之騷擾保護法令Civil Harassment Protection Order（CHPO）、日本糾纏行為規制法、歐洲多國等立法完成，如丹麥、英國、比利時、德國等諸多國家都已有相關法規。然我國現行刑法、家庭暴力防治法、性騷擾防治法、性別平等教育法、性別工作平等法及社會秩序維護法，雖對跟蹤騷擾行為有若干管制及處罰，卻皆有特定關係、身分、性別、場所等限制，導致許多未符合限制要件的跟蹤騷擾案件難以適用，成為法律規範中的重大漏洞，亟待填補。故為保護我國人民免受他人跟蹤騷擾之侵害，保障人格尊嚴、身心安全、行動自由及隱私，進一步預防危害人身安全事件之發生，有制定「跟蹤騷擾防制法」之必要。

---

[4] 以往性別平等教育法只在規範內部校園事件，並無送外處理機制，而今有了跟騷法之制定，學校在處理相關校園事件，即可將該事件依跟騷法第4條之規定移請警察機關處理。

 **各國之比較**

一、以刑法構成要件立法模式

針對跟蹤騷擾防制，基本上有兩種模式，一是直接制定在刑法上，歐洲多國採此立法模式，如德國與法國等，這些國家基本上是直接採犯罪模式，適用刑事訴訟法。對此，本文認爲德國法制在此有進一步介紹之必要。

德國暴力防範法雖條文制定於刑法分則外，而單獨立法，但此種單獨立法與我國家暴法所採模式類似，係採民事保護令之模式，德國暴力防範法原本侷限在家庭之間的暴力，後來擴充至一般人的跟騷行爲上。至於有關跟騷行爲，則在刑法第238條上另有規定，其稱：「無故以下列方式持續地跟蹤糾纏他人，足以嚴重侵害他人的生活形成，處三年以下自由刑或罰金刑：

1.（有目的地）出現在他人附近；

2.使用電子通訊工具或其他通訊具，或經由第三人而嘗試與他人接觸；

3.濫用他人相關個人資訊，爲他人郵寄訂購之物品或服務或促使第三人與他人接觸；

4.以侵害本人或其近親之生命、身體完整性、健康或自由加以脅迫；

5.採取其他相類行爲。」

德國立法模式，是採兩種方式來規制跟騷行爲，暴力防範法是採民事保護令的規範模式，而刑法第238條則直接以刑法作爲規範，雖兩者皆屬跟騷之規定，但規範之構成要件不同；而我國則是將兩者合而爲一，採同樣構成要件，並採行政先行，後採民事保護令方式，至於刑事罰則採告訴乃論方式。

二、美國單獨立法模式

　　美國是採單一主題立法，亦即，以反跟追為構成要件單獨立法，此種立法與下述所談的日本與台灣立法模式雖然都是採單獨立法，但美國係採犯罪化搭配司法介入（法院核發保護令）模式並以犯罪模式的立法方式為之[5]。但若就規範內容與程序，仍與日本及我國採行政先行模式有所差異。

三、日本糾纏行為規制法與德國暴力防範法比較分析

(一)日本糾纏行為規制法立法模式

　　日本及丹麥採行政禁令先行模式[6]，若違反該行政禁令，即屬犯罪行為，得向法院申請保護令，並由法院論罪科刑。日本法對跟騷規定，除日本糾纏行為規制法外，地方政府還訂定所謂迷惑條例。兩者都是由警察機關先行處理。

　　日本糾纏行為規制法，前階段有警察告誡之介入，我國也採取相似之規定。在此，日本警察處理前階段（告誡），後續則為公安委員會禁止命令之程序以及刑事追訴程序，此種立法，屬所謂先行政，後司法之程序；但在我國有認為警察之前階段屬司法調查行為，值得討論。

　　日本糾纏行為規制法立法模式屬於所謂的行政刑法模式，亦即，在行政法規中除規定主管機關（警察以及公安委員會）處理程序規定（行政程序）外，尚有刑事處罰之規定。

---

[5] 法思齊，美國反跟追法之研究——兼論我國相關法制之建構，東吳法律學報，第24卷第3期，2013年1月，頁3以下。

[6] 丹麥早在1933年在其刑法中增訂第265條，被認為是歐盟第一個將跟騷行為定為刑事犯罪的國家，但實施效果不佳，因此在2012年隨著「限制令法」（Act on the Restraining Order）的生效，將刑法第265條刪除。該「行政法」規定，被害人必須先向警察局申請限制令，只有在跟騷者違反限制令後才能發生刑事檢控。這種做法對跟騷行為採行間接的刑事定罪，因為在刑事調查和起訴之前，它需要一次額外的事件——即跟騷者違反限制令。如果跟騷者遵守限制令所規定的條件，他就不會因先前的跟騷行為而被追究刑事責任（van der Aa, 2018）。而在台灣，跟蹤騷擾防制法係採行此種立法方式。參閱黃翠紋，跟蹤騷擾防制法之評析與展望，刑事政策與犯罪研究論文集(22)，司法官學院犯罪防治研究資料庫，2019年12月26日，該文註9。

　　我國跟騷法與日本法比較雖有些類似但並不相同，我國法警察告誡處分具有行政處分之性質，發生一定法效果；日本的警察警告處分則無。另外，日本法在警察警告處分後，只有公安委員會的禁止命令；我國則是民事保護令之規定，兩法規之差別在此。日本法違反禁止命令或我國法違反民事保護令，都屬以刑法加以論斷。再者，無論日本法或我國跟騷法都對反覆或持續跟騷行為以刑事法為規範。總之，日本法公安委員會之禁止命令，在我國則以民事保護令取而代之，但此種方式卻產生與家暴法重疊之規定。

(二) 德國針對跟騷先有暴力防範法，後修訂刑法第238條跟蹤騷擾罪

　　德國暴力防範法，也有跟蹤騷擾之特別規定，雖將其獨立於刑法法典外，但該法程序上是對跟蹤行為先申請民事保護令，違反民事保護令，才會有刑法之制裁，此種單獨立法之規定在德國稱之為附屬刑法。有別於我國之家庭暴力防治法，有主管機關管轄以及相關行政措施之規定與保護令之司法措施，對違反規定者，並有行政罰以及刑法處置措施，並非如德國暴力防範法，僅屬附屬刑事特別法之規定，並無行政管轄與處置之相關規定。德國學者堅持反對所謂的行政刑罰[7]，就是行政法規中規定刑法之措施，如集會遊行法、槍砲彈藥刀械管制條例、人口販運防制法以及家庭暴力防治法等。

　　德國暴力防範法，原先本屬家庭暴力之規定，後來適用對象及於一般人的跟騷，但該法仍以民事保護令為主，違反民事保護令規定才有實體法進一步之制裁。此外，德國刑法第238條，另有跟蹤騷擾行為之制裁，兩者分別規定，各有不同之構成要件。日本糾纏行為規制法，只有公安委員會禁止命令（行政處分），而不採民事保護令。反觀我國，將跟騷行為民事保護令申請要件與刑事合而為同一構成要件，相當奇特，值得斟酌。

---

[7]　對此，有學者提出附屬刑法之概念。

四、日本對糾纏行為處理程序與我國法制之比較

(一)日本糾纏行為規制法處理程序

日本對糾纏騷擾行為處理程序，除糾纏行為規制法，尚有地方訂定的迷惑條例之規定（東京迷惑條例第5條），兩者都屬警察機關管轄，警察受理時，如符合迷惑條例之規定，警方會依據被害人之狀況評估被害情形是屬於當地社會安全條例或本法之構成要件，若判定為當地社會安全條例之纏擾行為時，可對被害人等進行後續援助之協調；若係依據本法判定為「一般纏擾行為」（無重複之情形），亦或是「重複纏擾行為」時則進行程序之處理。

1. 警察警告事件屬一般纏擾行為

依據糾纏行為規制法規定，遇到跟騷行為時，被害人可向警方報案，警方會教導防範並給予後續援助。如屬「一般纏擾行為」（無重複之情形），警方可對行為人發出警告（緊急時可發出暫時性的禁止命令），公安委員會接著進行後續調查，並可發出禁止命令，禁止行為人的跟蹤糾纏。

2. 公安委員會核發禁止命令是針對有重複纏擾行為之嫌的事件

若跟騷行為者在警察之警告後，仍繼續騷擾被害人，公安委員會依照跟蹤行為法規定，核發禁止命令前給予聽取行為人意見的機會；但在緊急狀況下，則先發出暫時的禁止命令，事後再補聽取意見。違反禁制命令者繼續纏擾者，最重可處一年以下有期徒刑併科200萬日幣以下罰金。符合嚴重糾纏行為則可提出告訴，由警方進行偵查有無相關犯罪事實[8]。

---

[8]　賴宜欣，如何防制跟騷行為？從日本法律檢視台灣「跟騷防制法」草案，https://opinion.udn.com/opinion/story/10043/5489016，瀏覽日期：2022.3.30。

3. 重複纏擾行為競合處理程序

　　另一個狀況而言，若行為人之行為直接被警方評估為重複纏擾行為時，警方會協調被害人報案，並進行後續偵查程序，後續則以一般刑事案件處理，其刑期主要在六月以下有期徒刑或50萬日元以下罰金[9]。

　　從上分析，日本糾纏（stalker）規制法，屬吾人所稱的行政刑法的性質，刑法規定除獨立於刑法本法規定外，在該法規中另有多項行政管轄以及相關處置措施之規定，該法有關警察警告令、公安委員會的禁止命令皆屬於行政措施，而非司法處分，將行政措施作為司法措施之前階段；且對於違反禁止命令違反禁止命令，而重複行使糾纏行為者，處一年以下之有期徒刑或100萬日元以下之罰金（該法第14條）。

(二) 我國跟騷法之規定

　　日本糾纏行為規制法與家庭暴力防治法（人身保護令）是分別規定的，德國法也是如此（參閱附錄一），反觀我國卻將民事保護令規定在跟騷法中，形成家庭暴力防治法與跟騷法都有民事保護令之規定，是我國所獨創之制度。另外，我國跟騷法參考日本糾纏行為規制法警察警告之措施（一般纏擾），但有別於日本，我國告誡依本法第4條第2項規定：「前項案件經調查有跟蹤騷擾行為之犯罪嫌疑者，警察機關應依職權或被害人之請求，核發書面告誡予行為人。」屬已有跟蹤騷擾行為之犯罪嫌疑者（反覆纏擾行為）（符合刑事構成要件），先以行政處分處理之。

　　本條項規定有兩個疑問，敘述如下：

1. 跟蹤騷擾行為之犯罪嫌疑

　　本條項規定既然已達犯罪嫌疑，是否警察應開始偵查（調查），如刑事訴訟法第228條第1項規定：「檢察官因告訴、告發、自首或其他

9　賴宜欣，如何防制跟騷行為？從日本法律檢視台灣「跟騷防制法」草案，https://opinion.udn.com/opinion/story/10043/5489016，瀏覽日期：2022.3.30。

情事知有犯罪嫌疑者，應即開始偵查。」以及刑事訴訟法第230、231條之警察開始調查，但本條卻規定警察依權限核發書面告誡予行為人，而規避偵查（調查）程序。有謂跟騷法之犯罪嫌疑，與刑訴犯罪嫌疑不同，跟騷法類似警察職權行使法第6條第1項第1款「合理懷疑有犯罪嫌疑」之程度[10]。此說本文不探，本條項警察告誡處分之範圍，似可參考日本以事件輕重做區分[11]。

2. 受害人可否選擇提告

在此有問題的是，若受害人對行為人反覆纏擾行為堅持提告，是否可行，我國法並無規定，但日本警察實務是允許的，此點我國應加以說明。

綜上，日本糾纏行為規制法在跟騷行為上有做區分，有些係基於愛慕所表現之行為，如跟騷法第3條第1項第5款對特定人要求約會、聯絡或為其他追求行為。第6款對特定人寄送、留置、展示或播送文字、圖畫、聲音、影像或其他物品等輕微地跟騷，由警察先行告誡，以行政先行程序處理之[12]；我國則無區別，就會產生前述1.的重疊現象。日本法有值得參考之處。

3. 跟騷案件處理分析

跟騷法2022年6月1日實施以來，警政署表示截至6月5日24時為止，全國受（處）理54案，其中屬於家庭成員或親密關係家庭暴力跟騷案件有33件，一般適用跟騷法案件有21件，總共開立書面告誡16案、聲請保護令18案、建請聲押獲准計有1案。在此所稱聲押獲准1案，是指台中市警察局第二分局6月3日所為。以下為告誡處分書：

---

[10] 李翔甫，跟蹤騷擾防制法之告誡書性質及其救濟程序，警察法學與政策，第2期，2022年5月，頁114。

[11] 林裕順、杜依琳，跟騷法制策略評估與展望，警察法學與政策，第2期，2022年5月，頁66以下。

[12] 林裕順、杜依琳，跟騷法制策略評估與展望，警察法學與政策，第2期，2022年5月，頁66以下。

臺中市政府警察局第二分局書面告誡

案　由	跟蹤騷擾防制法
案件編號	
行為人	
性別	
出生年月日	
身分證統一編號	
住居所	

告誡事由

臺端因涉及　跟蹤騷擾防制法　案件，本分局依該法第4條第2項規定製作書面告誡交付，並禁止對被害人再為下列行為：

一、監視、觀察、跟蹤或知悉特定人行蹤。

二、以盯梢、守候、尾隨或其他類似方式接近特定人之住所、居所、學校、工作場所、經常出入或活動之場所。

三、對特定人為警告、威脅、嘲弄、辱罵、歧視、仇恨、貶抑或其他相類之言語或動作。

四、以電話、傳真、電子通訊、網際網路或其他設備，對特定人進行干擾。

五、對特定人要求約會、聯絡或為其他追求行為。

六、對特定人寄送、留置、展示或播送文字、圖畫、聲音、影像或其他物品。

七、向特定人告知或出示有害其名譽之訊息或物品。

八、濫用特定人資料或未經其同意，訂購貨品或服務。

注意事項

一、行為人收受書面告誡後二年內，若對被害人再為跟蹤騷擾行為，被害人得向法院聲請保護令。

二、法院核發保護令後，行為人若違反其內容，處三年以下有期徒刑、拘役或科或併科新臺幣三十萬元以下罰金。

三、如不服本告誡，得於收受書面告誡後十日內，經原核發之警察機關向上級警察機關表示異議。原核發警察機關認有理由者，將立即更正；認無理由者，將加具書面理由送上級警察機關決定。對於上級警察機關之決定……聲明不服。

執行單位	處理人員	
	連絡電話	臺中市政府警察局第二分局、04-22351035

中　華　民　國　111　年　6　月　3　日

簽收人	
簽收日期	111 年 6 月 3 日

上案警方認為，該男的行為已涉嫌跟騷八類型中的「監視觀察」，開立告誡書後移送法辦[13]。

在此產生了一行為，同時觸犯跟騷法兩法規而分別處理的情形，其一，警察依跟騷法第4條之規定，開立告誡處分書，教示第4條第3項之救濟途徑，並告知第5條聲請保護令之情形；另一，移送檢察官依跟騷法第3條之普通跟騷罪起訴，而產生法規適用競合之問題。警察之行為是否違反一行為不二罰之規定，或者，同一行為在跟騷法中可否分別處理，以下說明之。

(1) 一行為不二罰

首先，書面告誡之性質依跟騷法第5條第1項之規定，行為人經警察機關依前條第2項規定為書面告誡後二年內，再為跟蹤騷擾行為者，被害人得向法院聲請保護令。依此規定，告誡是聲請保護令的前置程序，告誡本身是法律授予警察機關單獨開立之權限，且禁止行為人不得再為跟騷法第3條之跟騷行為，而具有一定法效力的禁止命令，其性質應屬管制性不利處分，並非行政罰法第2條所稱裁罰性處分，因此，並不適用行政罰法所稱的「一行為不二罰」。

(2) 跟騷行為之處置有無分別處理之順序

跟騷法之規定有兩套程序，其一為聲請保護令程序，另一為跟騷罪，兩者皆適用第3條跟騷行為罪之規定。前者，透過警察告誡，在進入保護令前，屬犯罪預防階段，只有在違反保護令的情形下，才屬刑事規範（第19條）。因此，警察書面告誡之性質，仍屬禁止行為人為跟騷行為的行政處分，但若受害人堅持提告，警察移送後，則案件會進入刑事程序（犯罪偵查），則警察書面告誡之禁止行為，當然已屬無必要的行為（屬犯罪預防）。

警察書面告誡，適用第3條普通跟騷罪，容許同一事件依跟騷法做不同處理，如此規定確實有問題。照理說，警察的告誡應屬於尚未達犯罪的跟騷行為，為遏止該行為持續發生，告誡才有其意義，但跟騷法卻

---

[13] https://news.ltn.com.tw/news/society/paper/1521261，瀏覽日期：2022.6.7。

讓已成立跟騷行為罪的行為，容許警察開立告誡處分書，致產生法規範矛盾之處，讓警察機關手足無措無以處置的窘境，值得深思。

　　日本法對此有詳細規範，如果在受害人堅持提告時，司法警察應配合提告，而進入刑事司法程序時，公安委員會就不會核發禁止命令，不會產生我國針對同一行為，卻有不同處置的尷尬場面。

(三)跟騷法與社會秩序維護法第89條第2款之適用關係

　　在此要探討的是，我國社會秩序維護法也有跟追的規定，屬警察機關管轄，如果警察在受理跟蹤騷擾行為案件符合社會秩序維護法的跟追規定，警察是否可先以社會秩序維護法第89條第2款跟追加以處理，本法並無規定。如果參考日本，日本也有東京迷惑條例的規定，日本警察可以先用迷惑條例先行處理，再用糾纏行為規制法處理之，這點值得我國參考。

　　因此，本文建議警察機關處理跟騷案件時，可以參考日本警察之處理方式，如可以社會秩序維護法處理時，則先行處理，之後再依跟騷法處理之。表1-1為各國跟騷法之規定比較。

表1-1　各國跟騷刑事之規定

編號	國家	法律	共同設計
1	美國	加州刑法法典第646.9條	
2	加拿大	刑法第264條	
3	日本	糾纏行為規制法	
4	紐西蘭	騷擾法案	
5	新加坡	騷擾防治法	無論制定專法或增訂刑法，均將跟蹤騷擾視為犯罪，科以刑責。
6	英國	騷擾防治法第2a條、第4a條	
7	蘇格蘭	刑法第39條	
8	愛爾蘭	刑法第10條	
9	德國	刑法第238條	
10	法國	刑法第222-33-2條	
11	丹麥	刑法第265條	

（接下頁）

編號	國家	法律	共同設計
12	比利時	刑法第140條	
13	荷蘭	刑法第285b條	
14	馬爾他	刑法第251AA條	
15	奧地利	刑法第107a條	
16	匈牙利	刑法第222條	
17	義大利	刑法第612條	
18	盧森堡	刑法第444-2條	
19	捷克	刑法第354條	
20	波蘭	刑法第190a條	
21	斯洛伐克	刑法第360a條	
22	瑞典	刑法第4章第4b條	
23	克羅埃西亞	刑法第140條	
24	羅馬尼亞	刑法第208條	
25	芬蘭	刑法第25章第7條(a)	
26	斯洛維尼亞	刑法第134a條	
27	西班牙	刑法第172條	
28	葡萄牙	刑法第154-A條	

資料來源：王皇玉，跟蹤糾纏行為犯罪化之趨勢；黃翠紋，跟蹤騷擾防制法之評析與展望；
立法院法制局於第九屆第五會期建議。

肆　跟騷法與性平三法以及家暴法之關聯

一、跟騷法與性平三法

(一)性別平等教育法

　　對性平三法之分析，在網路上各縣市政府網站以及若干律師與學者所發表的文章都可找到[14]，性別平等教育法是校園學生之規範，性別工

---

[14] 性別工作平等法、性別教育平等法、性騷擾防治法三法比較表，file:///C:/Users/user/Downloads/%E6%80%A7%E5%88%A5%E5%B7%A5%E4%BD%9C%E5%B9%B3%E7%AD%89%E6%B3%95%E3%80%81%E6%80%A7%E5%88%A5%E6%95%99%E8%82%B2%E5%B9%B3%E7%AD%89%E6%B3%95%E3

作平等法是職場上之規範，性騷擾防治法則是前二者以外之有關性平之事件。性平三法，主要強調各該領域中不應有性或性別歧視，講求平等對待之權，並各有管轄之範圍。性別平等教育法第2條規定：「本法用詞定義如下：

一、性別平等教育：指以教育方式教導尊重多元性別差異，消除性別歧視，促進性別地位之實質平等。

二、學校：指公私立各級學校。

三、性侵害：指性侵害犯罪防治法所稱性侵害犯罪之行為。

四、性騷擾：指符合下列情形之一，且未達性侵害之程度者：

(一)以明示或暗示之方式，從事不受歡迎且具有性意味或性別歧視之言詞或行為，致影響他人之人格尊嚴、學習、或工作之機會或表現者。

(二)以性或性別有關之行為，作為自己或他人獲得、喪失或減損其學習或工作有關權益之條件者。

五、性霸凌：指透過語言、肢體或其他暴力，對於他人之性別特徵、性別特質、性傾向或性別認同進行貶抑、攻擊或威脅之行為且非屬性騷擾者。

六、性別認同：指個人對自我歸屬性別的自我認知與接受。

七、校園性侵害、性騷擾或性霸凌事件：指性侵害、性騷擾或性霸凌事件之一方為學校校長、教師、職員、工友或學生，他方為學生者。」

該法涉及有關性與性別相當多，其行為也經常具有持續或反覆為之，且與跟騷法一樣，受害人皆屬特定對象，又與跟騷法所規定跟騷行為也幾乎相同。因規範對象屬學生、老師或職員，多數發生在校園之事件，該法之處理程序為行政程序（由性別平等委員會啟動程序）。如發

%80%81%E6%80%A7%E9%A8%B7%E6%93%BE%E9%98%B2%E6%B2%BB%E6%B3%95%E4%B8%89%E6%B3%95%E6%AF%94%E8%BC%83%E8%A1%A8%20(2).pdf，瀏覽日期：2022.5.3；性別平等三道防線——性平三法簡介，https://www.google.com/search?q=%E6%80%A7%E5%B9%B3%E4%B8%89%E6%B3%95&oq=&aqs=chrome.0.69i59i45018.125650718j0j15&sourceid=chrome&ie=UTF-8，瀏覽日期：2022.5.3。

生事件與跟騷法有關是否將案件移轉給警察機關處理，目前並無相關規定。本文認為，校園事件得先依學校程序處理，若發生被害人有進一步保護之必要，並符合跟騷法之跟騷行為規定時，才有必要進一步移送。

(二)性別工作平等法

該法第1條規定：「為保障性別工作權之平等，貫徹憲法消除性別歧視、促進性別地位實質平等之精神，爰制定本法。」該法制定前有關性別歧視則適用就業服務法第5條就業歧視之規定。

本法規定係在職場上與性平有關之行為，分別為第二章性別歧視之禁止以及第三章性騷擾之防治，對於上述行為採行政救濟程序。職場上反覆騷擾行為，亦有可能符合跟騷法之規定，究竟應採何種措施，法並無規定。本文認為，先以職場之法律規範為主，若覺得該法之保護措施不足以應付時，才移送警察機關以跟騷法加以處理。

(三)性騷擾防治法

性騷擾防治法有關性騷擾之定義，與跟騷法相同之處，在於第2條所稱「本法所稱性騷擾，係指性侵害犯罪以外，對他人實施違反其意願而與性或性別有關之行為」，因此，其所稱與跟騷法之差異，僅在於跟騷法第3條「反覆或持續為違反其意願且與性或性別有關之下列行為之一，使之心生畏怖，足以影響其日常生活或社會活動」陰影部分之差異而已，亦即，如果跟騷行為屬於反覆或持續，而產生使之心生畏怖，足以影響其日常生活或社會活動，也屬於跟騷法規範之行為[15]，但性騷擾防治法之處理程序為行政程序，亦即，申訴及調查程序，依據該法第13條之規定，向加害人所屬機關、部隊、學校、機構、僱用人或直轄市、縣（市）主管機關提出申訴；如加害人不明或不知有無所屬機關、

---

[15] 跟騷法制定之時，內政部想套用性騷擾防治法第2條之概念，並將跟騷行為限定在與性或性別有關之行為上，其實是過度之限縮；參閱盧映潔，跟蹤騷擾防制法之立法評析，警察法學與政策，第2期，2022年5月，頁103。

部隊、學校、機構或僱用人時，應移請事件發生地警察機關調查；另有不服申訴決定，得提起再申訴以及行政訴訟。因此，所進行之程序，有別跟騷法之程序。

同樣地，性平三法之性騷擾如有上述情形，採行內部行政程序，並可提起行政救濟之途徑；若屬符合跟騷法之規定，則將會產生案件有無移送之必要或應何時移送較爲恰當之問題。

綜上，由於上述三法各有管轄機關[16]，且處理機制部分屬於內部處理之行政程序，如發生跟騷法之情形，似應有移送之程序，但是在何種程度下才有移送必要，對此並無相關規定。目前發生跟騷事件確實有些屬校園事件，因此，性平三法與跟騷法似乎應有銜接的規範程序，比較理想。

二、家庭暴力防治法與跟騷法

兩者都屬跟騷行爲，只是受規範之對象有所不同而已，家暴法侷限在該法第3條規定：「本法所定家庭成員，包括下列各員及其未成年子女：
一、配偶或前配偶。
二、現有或曾有同居關係、家長家屬或家屬間關係者。
三、現爲或曾爲直系血親或直系姻親。
四、現爲或曾爲四親等以內之旁系血親或旁系姻親。」
而家暴法第2條也是包括：「本法用詞定義如下：
一、家庭暴力：指家庭成員間實施身體、精神或經濟上之騷擾、控制、
　　脅迫或其他不法侵害之行爲。
二、家庭暴力罪：指家庭成員間故意實施家庭暴力行爲而成立其他法律
　　所規定之犯罪。
三、目睹家庭暴力：指看見或直接聽聞家庭暴力。

---

[16] 性別工作平等法屬勞動部，性別教育平等法屬教育部，性騷擾防治法屬內政部。

四、騷擾：指任何打擾、警告、嘲弄或辱罵他人之言語、動作或製造使
　　人心生畏怖情境之行爲。

五、跟蹤：指任何以人員、車輛、工具、設備、電子通訊或其他方法持
　　續性監視、跟追或掌控他人行蹤及活動之行爲。……」

　　兩者法規都有跟騷之規定，只是家暴法多了「暴力」，但兩者都有
申請民事保護令之規定，且兩者都由警察來處理。因此，跟騷法之要件
如果能規定在家暴法而擴大適用於一般人上，如德國暴力防範法之規
定，我國的跟騷法即無存在之必要。

伍　現行法律之分析

一、跟騷法第4條警察告誡處分之性質

　　本法第4條的規定，對於告誡處分書是行政處分，但在第4條第4項
的規定，行爲人或被害人，對告誡不服，只能提出異議。不得再聲明不
服的此種規定對當事人保護不足。本條之設計有若干問題值得討論。

　　如前所述，警察告誡處分是申請民事保護令的前置作業，且其對當
事人有一定的拘束力，是本法的先行行政措施，所以，其救濟就非常重
要，不能如本條第4項所稱的，不得聲明不服，而應有續行行政訴訟救
濟，有人認爲，警察的告誡處分，屬於司法處分[17]，本文不採，從日本
法之立法，是把警察警告以及公安委員會之禁止命令，採用行政程序之
規定，如陳述意見與聽證等，因此，其救濟也應採行政救濟。

　　針對警察告誡處分，多數學者贊成該告誡處分爲管制性之不利處
分，因其僅是一種預防性之措施，並產生對當事人（實施騷擾行爲者）

---

[17] 有謂警察書面告誡應是司法處分，其是參考本條之立法理由告誡處分屬於刑事調查中之任意處分，
而建議第4條應修正如下：告誡宜定性爲司法警察或司法警察官之強制處分行爲，程序上應受檢察
官及法院之監督。參閱陳佳瑤發言稿，警政與警察法相關圓桌論壇（四十）—跟蹤騷擾防制法案
之評析，http://www.acpr.org.tw/PDF/Panel_20211105_Prevention%20of%20stalking.pdf，瀏覽日期：
2022.4.16。

一定之拘束力，但非屬裁罰性之處分[18]。

二、警察告誡與民事保護令

警察告誡之性質應是行政措施，本法採先行政後司法之措施，從本法第5條第1、2項規定，行為人經警察機關依前條第2項規定為書面告誡後二年內，再為跟蹤騷擾行為者，被害人得向法院聲請保護令；被害人為未成年人、身心障礙者或因故難以委任代理人者，其配偶、法定代理人、三親等內之血親或姻親，得為其向法院聲請之。檢察官或警察機關得依職權向法院聲請保護令。

從本法第5條規定觀之，是先有告誡，再聲請保護令。如未經告誡，受害人是否可以直接申請保護令，如從條文來看，應是不可以的。因此，告誡處分是聲請保護令之前置程序，告誡處分是否合法以及針對警察告誡處分之救濟，是否也應由行政法院來審查警察告誡處分。若依現行法第4條第3、4、5項規定：「行為人或被害人對於警察機關核發或不核發書面告誡不服時，得於收受書面告誡或不核發書面告誡之通知後十日內，經原警察機關向其上級警察機關表示異議。前項異議，原警察機關認為有理由者，應立即更正之；認為無理由者，應於五日內加具書面理由送上級警察機關決定。上級警察機關認為有理由者，應立即更正之；認為無理由者，應予維持。行為人或被害人對於前項上級警察機關之決定，不得再聲明不服。」

告誡處分只能經由警察上級機關決定，而無向行政法院救濟之可能。在此，民事法院可否直接審查警察告誡之合法性，答案應是否定的。從而，本文認為，本法第4條第5項「行為人或被害人對於前項上級警察機關之決定，不得再聲明不服」規定不洽當，應容許行為人或被害人對此之決定，得向行政法院再聲明不服，請求救濟。

---

[18] 洪文玲，跟蹤騷擾防制法之法制分析，警察法學與政策，第2期，2022年5月，頁39註13；同樣見解，參考李翔甫，跟蹤騷擾防制法之告誡書性質及其救濟程序，警察法學與政策，第2期，2022年5月，頁113以下。

三、被害人可否直接提起刑事告訴

如被害人堅持告訴，警察是否可跳過告誡以及保護令，直接進行後續偵查程序，以一般刑事案件處理，以本法第18條第1項規定，實行跟蹤騷擾行為者，處一年以下有期徒刑、拘役或科或併科新臺幣10萬元以下罰金，處理之。本文認為，從本法之程序設計，第4條第2項前段規定：「前項案件經調查有跟蹤騷擾行為之犯罪嫌疑者，警察機關應依職權或被害人之請求，核發書面告誡予行為人。」雖調查結果已屬蹤騷擾行為之犯罪嫌疑者，仍先核發書面告誡書，由此觀之，似不允許被害人直接提起刑事告訴，而應先行政後司法，警察也無權跳過法律之規定。

本文認為，本法第18條第3項規定，對實施跟蹤騷擾行為者屬告訴乃論之罪，如受害人堅持提告，警察應直接進行後續的偵查程序，以一般刑事案件處理。

四、跟蹤騷擾法與家庭暴力防治法競合的問題

跟蹤騷擾法第5條規定了家庭暴力防治法競合的問題，這是非常重要的，因有關現有或曾有親密關係的未同居伴侶跟蹤騷擾行為，不在跟騷法規範範圍內。本法第5條第4項與家庭暴力防治法分流規定糾纏行為（跟蹤騷擾）當事人屬家庭成員或親密關係伴侶者，在我國約占70%至80%，跟騷行為可適用家庭暴力防治法；其他不具特定身分關係者，則適用本法。本法對於跟蹤騷擾行為，是跟性及性別有關。以這點做限縮，會不會形成規範不足，值得討論。

如依德國法規定，任何人跟蹤騷擾之行為成立，受害者即可聲請保護令，如足以嚴重侵害他人的生活形成，即屬刑事法之構成要件，不必再經由聲請保護令，兩者構成要件有別。我國則適用同一構成要件，是值得再斟酌之處。

陸　本法制定之爭議點

一、本法第4條第5項宜修正得提起行政訴訟

　　警察告誡是聲請民事保護令之前提要件，其合法性應經由行政法院審核，如僅經由警察機關之上級機關，保護不足外，如未經司法進一步審核，受害者或行為人對此仍有爭議，卻無進一步救濟，且民事法院是否可以審查上級警察機關之決定，是有問題的。為解決警察告誡合法性似應由行政法院繼續審理之。

二、本法若行為人該當跟騷行為時，得允許受害人提起刑事告訴

　　依日本糾纏行為規制法之規定，若行為人屬重複跟騷行為時，受害人得直接提起刑事告訴，本法第3條是對特定人反覆或持續為違反其意願且與性或性別有關之行為，屬於日本法所稱持續性嚴重糾纏行為，在適用時應容許被害人直接提起之。

柒　結論

　　我國跟騷行為，限制在與性或性別有關之跟騷行為（跟騷法第3條第1項各款），使之心生畏怖，足以影響其日常生活或社會活動上，是與德日兩國規定有若干差異，我國跟騷法制定之初，應有參考日本糾纏行為規制法，而採取警察告誡之處分，但仍與日本警察警告屬不具法律效力，為警告性質之行政事實行為有別，我國警察之告誡是具有法效性之行政處分[19]。此外，跟騷法之跟騷行為參考性騷擾防治法限定在「與性或性別有關」行為上，是過度限縮而失其制定之目的；跟騷法也參考

---

[19] 林裕順、杜依琳，跟騷法制策略評估與展望，警察法學與政策，第2期，2022年5月，頁66以下。

家庭暴力防治法增列民事保護令之規定，是德日兩國跟騷行為規定之所無，只因規範對象不同，而分別規定在兩個不同法律中，是否有其必要。

對受害者而言，既然有跟騷行為罪，直接提起刑事告訴反而容易，會導致這樣結果，是本法第4條警察告誡處分與本法第18條構成要件相同所致。

因此，本文認為警察告誡處分與民事保護令適用範圍應做區分，如此，先行政後保護令才有意義，如從第3條第1項各款情形觀之，並非所有案件都有聲請保護令之必要。如能做區分，則本法第18條第1項「實行跟蹤騷擾行為罪」即可適當限縮，也解決警察告誡處分之爭議。如日本法有些事件較輕微，且無重複實施的情形，則以警察警告為已足，不必論究刑事。

附件 一

免於暴力和跟騷行為民事保護法（家庭暴力保護法-GewSchG）

第1條

(1) 故意侵犯他人的身體、健康、自由或性自決權，法院應在受害人的申請下，採取必要措施防止進一步侵犯。該項保護令應該設定期限；期限得延長之。特別是，法院得命令行為人禁止下列行為：

1. 進入受害者家中。
2. 逗留在受害者家的附近一定範圍內。
3. 逗留受害者經常停留的特定的地點。
4. 使用遠程通信設備騷擾受害者。
5. 非在維護合法利益所需下，設計與受害者偶遇。

(2) 下列情形也適用前項規定：

1. 非法威脅他人傷害生命、身體、健康、自由或性自決；或
2. (a) 非法和故意侵入他人的住宅或其安居之處所；或

  (b) 無法忍受地騷擾他人，違反其明確表明的意願，反覆跟蹤他們或使用遠程通信方式騷擾。

  在本項第2款(b)的情況下，如果該行為是為了保護合法利益，則不存在無法忍受的騷擾。

(3) 在第1項第1句或第2項的情況下，若係在利用酒類或類似方式導致不能自由決定意志的病理性精神障礙狀態下實施該行為，法院也可以核發命令根據第1項採取措施。（原因自由行為不能免責）

第2條　共享公寓的獨享

(1) 受害者在行為人依第1條第1項第1句以及第3項採取行動當時，受害人與行為人共同經營一個永久居住的家庭內，則受害人可以要求行為人離開該寓所，讓其獨處。

(2) 受害人與行為人共同持有房屋所在土地的所有權、可繼承的建築權或使用權，受害人與行為人共同租用房屋，單獨獨處公寓應有期限之設定。若該公寓為行為人單獨或者與第三人共同擁有公寓所在的所有權、建造權或者財產使用權的，或者單獨或者與第三人共同出租公寓的，法院設定受害人獨享該公寓的最長期限為六個月。如果受害人無法在法院根據第2句規定的期限內以合理的條件找到其他合適的居住空間，法院可以將期限最多再延長六個月，除非行為人的利益高於或該第三人對此表示反對。第1至3句相應地適用於房屋所有權、永久居留權和物的居住權。

(3) 第1項之請求權將不存在，

  1. 如不擔心進一步的傷害，除非由於行為的嚴重性，不能期望受害人繼續與行為人生活在一起，或

  2. 如受害人在犯罪發生後三個月內未以書面要求行為人讓出公寓，或

  3. 如讓出公寓違背行為人之重大利益時。

(4) 如果受害人已獲得公寓使用權，行為人應避免做任何可能造成困難（erschweren）或阻礙（vereiten）行使該使用權的情事。

(5) 行為人在合理情形下，可以要求受害人支付使用費。

(6) 如受威脅的人在第1條第2項第1句第1款以及第3項之情形下遭受行為人之威脅，而長期與犯罪者共同經營一個家庭，受威脅的人在必要情形下，可以要求單獨處理共同使用的公寓，以避免遭受不公平的對待。如家中兒童的福祉受到損害，也屬不公平的對待。第6項受威脅的人，第2項至第5項亦適用之。

第3條　適用範圍，管轄權競合

(1) 受害或受威脅的人在第1條第1項或第2項第1句之情形下受害，依第1條與第2條之父母照護以及監護人或撫養人取代本法第1條與第2條之照護以及監護人或撫養人之規定。

(2) 受害人的進一步請求不受本法的影響。

第4條　刑罰規定

違反下列規定者，

1. 違反第1條第1項第1款或第3款並結合第2項第1款規定的保護令，或

2. 確認違反家庭事務和自願管轄事項程序法第214A條第1句，連結本法第1條第1句或第3項之義務。

處二年以下有期徒刑或罰金。

其他規定的刑事責任不受影響。

附件二

德國刑法第238條規定，於2017年修正，模仿了奧地利刑法，將跟蹤糾纏罪從「結果犯」改為「適性犯」，修法後條文如下：

第1項規定

無故以下列方式持續地跟蹤糾纏他人，足以嚴重侵害他人的生活形成，處三年以下自由刑或罰金刑：

1. （有目的地）出現在他人附近；

2. 使用電子通訊工具或其他通訊器材，或經由第三人而嘗試與他人接觸；

3. 濫用他人相關個人資訊，為他人郵寄訂購之物品或服務或促使第三人與他人接觸；

4. 以侵害本人或其近親之生命、身體完整性、健康或自由加以脅迫；

5. 採取其他相類行為。

第2項規定

行為人之行為，對被害人、被害人之近親親屬或與被害人親近之人形成生命危險或嚴重身體損害者，處三月以上五年以下自由刑。

第3項規定

行為人因其行為導致被害人、被害人之近親親屬或與被害人親近之人死亡者，處一年以上十年以下自由刑。

第4項規定

第1項之行為採告訴乃論，但刑事追訴機關因為追訴犯罪具有特殊之公共利益，不在此限。

第二篇

探討日本糾纏行為規制法之立法背景與修法

前言

　　近年來台灣社會常見以跟蹤[1]、盯梢、埋伏等候或站崗[2]等令人心生恐懼或不悅的行為[3]。追求心儀對象不成，憤而殺害被害人之駭人事件新聞頻傳。也因諸如此類案件，特別是2021年發生在屏東一位男子追求通訊行店員女子不成，製造假車禍殺害該女，引發社會高度關注[4]，加速了行政院及朝野推動「跟蹤騷擾防制法」[5]，並於2021年11月19日在立法院會通過三讀，同年12月1日施行[6]。此為我國制定跟蹤騷擾防制法之契機。

　　日本現行糾纏行為的法律，日文稱為ストーカー規制法，英文為Stalker，國內學者稱其為「纏擾行為規制法」[7]或「糾纏行為防制法」[8]。本文則以「糾纏行為規制法」稱之。其立法之主要目的，希冀藉由法律將糾纏行為加以處罰等之方式，同時進行對於糾纏行為的防制，避免危害個人身體、自由及名譽之發生，進而維護國民生活之安全

1　過去幾年常見像是分手暴力較重大的社會案件，也常用恐怖情人來形容犯罪當事人。犯罪當事人在案發前，通常開始鎖定跟隨或愛慕的對象，進而尾隨到被害人的職場、學校或住家附近徘徊，甚至於埋伏於被害人常進出之場所，諸如此類行為，其實都是所謂的跟蹤騷擾之犯罪行為，也是讓被害人極為厭惡不悅或心生畏懼之行為。例如，發生在2014年9月台大高材生張男因不甘林姓女友要求分手，且又避不見面，張男經過多次尾隨林女並得知林女工作作息後，開始跟蹤她並沿街瘋狂似地砍女友47刀致死後，還吻屍，手段可說極為兇殘。該案發生前，張男就有多次跟騷林姓女友行為，因當時欠缺有效的法律加以制裁，導致憾事接二連三發生。
2　例如，一位遭到妹妹前男友跟蹤騷擾（住家及職場站崗）長達六年之久的案例占據了媒體版面。即被害人黃女在長期被跟蹤站崗期間，雖報警超過20次，也曾搬家換工作，但都無法制止該男持續跟蹤騷擾。再加上當時法令只有社會秩序維護法（以下簡稱社維法）可向該男提告。
　　惟，社維法只針對單一行為，且僅裁罰數千元，若對方被驅趕離開就無法裁罰。因此該男不斷反覆跟騷、躲藏，可見社維法之約束力不足。黃女2015年6月發現家裡有異狀，才知對方已入侵她家多次，令當事人心生畏懼，精神狀態幾乎頻臨崩潰。因該男為妹妹之前男友，因此，黃女於2016年以被騷擾之妹妹名義申請到「通常保護令」。該保護令若和對方沒有任何關係的話，根本無法申請，可見現行法仍有很大的缺失。
　　社維法之約束力的不足，性騷擾防治法又無法直接對加害人懲罰，家暴法又僅限於親屬關係才能適用，刑法則須自行蒐證。可見跟蹤騷擾防制法的制定勢在必行。
3　https://news.ltn.com.tw/news/society/breakingnews/2536892，瀏覽日期：2022.2.28。
4　https://udn.com/news/story/7321/5902974，瀏覽日期：2022.2.28。
5　https://news.cts.com.tw/unews/campus/202004/202004301999224.html，瀏覽日期：2022.2.28。
6　民國110年12月1日總統令制定公布全文23條；並自公布後六個月施行。
7　林琬珊，日本纏擾行為規制法之背景及其立法，月旦刑事法評論，第5期，2017年6月，頁52-88。
8　林裕順，社團法人犯罪被害人人權服務協會，學術研討會（糾纏行為防制法草案之評析）會議手冊，2017年7月，頁44-91。

與安定，明定對被害人的相關援助、措施等之相關規定。

　　日本糾纏行為規制法於平成12（2000）年5月24日制定，同年11月24日公布施行，其中歷經3次修法，公布施行迄今已有二十餘年之久。

 日本糾纏行為規制法之立法背景

一、1999年桶川跟騷殺人事件概要

　　平成11（1999）年日本埼玉縣桶川市發生駭人聽聞之糾纏跟騷殺人事件。該事件當時引發社會、媒體等高度關注，堪稱日本史上著名的跟騷案件。在原本就無相關法規的年代，催生了糾纏行為防制法。

　　本案事實概要如下：即被害人（女，當時21歲），在埼玉縣內一家遊樂場結識加害人（男，當時26歲）。加害人對被害人謊稱自己的年齡與職業，被害人不疑有他，兩人進而交往。約會期間加害人常贈送貴重禮物予被害人。但由於禮物過於昂貴被害人拒絕接受，卻引來加害人的惡言相向與暴怒。且明明只給加害人自己的手機號碼卻打電話來家裡，讓被害人開始心生不安。甚至被害人有次到加害人住處玩，察覺屋內裝有監視器，便詢問了加害人，不料竟惹惱加害人，在怒不可抑當下，抓起被害人的臉貼到牆壁上痛毆多次。此時被害人驚覺加害人有不為人知的暴力傾向，便萌生分手念頭。於是在告知要與他分手之際，加害人竟揚言要她別與他作對，且警告她絕對脫逃不了他的魔掌，強迫被害人持續與他交往。

　　被害人因此心生畏懼，害怕自己有可能會被加害人殺死，便向好友傾訴整個事情經過，並跟好友說如果自己哪天被殺死的話，犯人就是他。

　　爾後，加害人夥同他的大哥及友人到被害人家中向其父母捏造故事並要求還錢遭拒。被害人將其偷偷錄下的錄音檔拿去尾上警察署向警方報案，未料該署警方態度消極傲慢，認為被害人有收受加害人貴重物品並在怠職的情況下，未受理該案件。

　　因此，加害人更是變本加厲，到被害人的學校及其父親的公司散布無中生有情事的傳單，被害人則以詆毀名譽提起刑事訴訟。但隔月尾上署警方到被害人家，見其該母希望撤回告訴，並謊騙她說只要犯人一抓到隨時可以再提起告訴。

　　足見在無法源可依循當下，警方縱有民事不干預的原則，但身為人民保母的警方消極處理與傲慢態度遠遠超乎其職守，引發軒然大波。不得不說尾上警察署亦是本案悲劇發生之始作俑者。

　　同年10月26日被害人在JR桶川車站附近遭到跟監埋伏的加害人朋友砍殺後，送到醫院時早已氣絕身亡。尾上警察署怠職而通知其母到出事現場，但未說明被害人已死亡，應前往醫院認屍。案發後某知名期刊記者訪問被害人雙親時，覺得尾上警察署處理方式有問題便展開調查，比警方更早掌握得知犯人藏匿處，使得尾上警察署顏面無光。加害人則是逃亡到北海道於屈斜路湖自殺身亡。

　　因此，日本在桶川跟騷事件發生後，為了不讓悲劇重演，快速通過糾纏行為規制法的制定[9]，並於平成12（2000）年5月24日公布施行。

 日本糾纏行為案件之現況與修法動機

一、第一次修法（平成25（2013）年7月3日）

　　隨著社會經濟快速變遷，糾纏行為案件量逐年增加。糾纏行為樣態已非現行法所規範之對象。例如，反覆不斷發送電子郵件的糾纏行為[10]、保護令之聲請、對聲請人的通知、受到糾纏行為等規定之強化，並擴大公安委員會等得以發布禁止命令的權限、明確女性諮詢辦公室對於糾纏行為人的支援。

　　因此，平成25（2013）年7月對糾纏行為規制法進行部分條文修

9　ストーカー行為等の規制等に関する法律（平成12年5月24日法律第81號）。
10　https://houseikyoku.sangiin.go.jp/bill/pdf/h25-073sk.pdf，瀏覽日期：2022.2.28。

正。根據修改附則第5條之規定，就糾纏行為態樣等之必要修改內容及考量糾纏行為防制法之整體性時，認為政府應該積極儘速採取必要之措施，對於防制法的審議應先設置協調會。並且參酌警察廳、專家與被害人等相關人士所組成舉辦之「關於糾纏行為防制法等專家人士研究會議」，於平成26（2014）年8月彙整出「關於糾纏行為防制法等報告書」。

二、第二次修法（平成28（2016）年12月14日[11]）

本次修法，乃因2016年5月21日東京都小金井市區發生殺人未遂事件[12]。其事實概要如下：A女（當時20歲）就讀東京某私立大學，為業餘創作歌手。案發當天（2015年5月21日）下午5點多在東京小金井市區的現場演唱餐廳，A女用手機通報110。但警視廳的通報系統僅顯示記錄被害人A女的住所，因未確認A女當時的所處位置，因此派了一位警察到A女的住所進行了解之際，約於1分45秒後，一位在餐廳現場目擊者向警方報案，警方才立即趕到現場，以現行犯將B男逮捕。B男亦承認有砍殺A女之意圖。

然而，早在案發前，B男就曾於2015年1月嘗試透過Twitter向A女表示對她有好感之跡象。同月22日，又因忌妒心使然，將情緒不穩完全顯現在文字上。同年4月B男又在Twitter寫上「請放心，在那期間我就會死的」字眼，雖並非直接威脅A女但卻是針對A女而來。

A女曾向警視廳藏野警察局報案，請警方協助幫忙拜託B男停止在Twitter對她的留言。然而，警方卻將此求救訊息作為一般性的案件處理，並未感受到A女有任何的恐懼，也未通知轉介給專門處理騷擾案件的調查小組。

不僅如此，A女母親也向京都府警察希望阻止B男令人不悅之糾纏行為。但得到的回應竟要A女母親直接向警視廳尋求協助。

---

[11] https://www.npa.go.jp/pdc/notification/seian/seiki/seianki20161214-1.pdf#search，瀏覽日期：2022.3.1。

[12] 小金井ストーカー殺人未遂事件，https://ja.wikipedia.org/wiki/，瀏覽日期：2022.3.1。

案發後，A女因被砍殺20多刀緊急送醫急救，一度生命垂危，陷入昏迷。直到6月3日A女恢復了生命跡象，但卻對男性留下了恐懼且顏面神經部分麻痺、視線模糊等PTSD後遺症。

本案B男，最後在2017年2月20日東京地方裁判所立川支部被以殺人未遂遭起訴，判決有期徒刑十四年六個月。

本案發生後，警視廳立即召開修改糾纏行為規制法，擴大糾纏行為防制的對象（包括在住家附近徘徊行為）、相關罰則及規定警察機關處理相關糾纏行為之期限、調查權限及協助等，並於平成29（2017）年6月14日公布施行。

因此，本次部分條文修法，乃依據上開報告書之建言，擴大防制糾纏行為之對象，禁止命令及罰則等制度的重新檢視，由議員立法，於平成28（2016）年12月14日公布，平成29（2017）年1月3日施行（惟，部分規定於同年6月14日施行），其修法要點整理如下：

(一)擴大糾纏行為之規範行為

增訂埋伏、擋住去路在住所、職場、學校及其他經常出入場所（以下簡稱「居家等」）附近徘徊之行為（第2條第1項第1款）。

以電子方式要求確認寄送有關危害性方面之羞恥心的紀錄等（第2條第1項第8款）。

(二)職務關係人之顧慮等（第8條）

因糾纏行為涉及有關被害人的保護、調查、裁判等職務上的關係人，於從事該職務時應當確保被害人的安全及個資之保密（第1項）。

國家和地方公共團體等，為啟發職務關係人對糾纏行為及跟蹤行為等特性加以理解，應進行必要之研習（第2項）。

除前二項之規定外，國家及地方公共團體等，對於被害人之個資保護，應極力採取防止糾纏行為等必要之措施（第3項）。

(三)國家和民間組織的支援（第9條）

　　國家和地方公共團體等，對於受到糾纏之被害人，應極力予以支援並提供婦女相關諮詢、其他適當設施的安置及公共租賃住宅的入住（第1項）。

　　提供糾纏行為等相關勞務之業者，應視糾纏行為人之要求，致力採取防止糾纏行為相關措施（第2項）。

(四)調查研究之推進（第10條）

　　為使糾纏行為人得以更生，國家和地方公共團體，應致力推動對糾纏行為人之身心靈健康的相關研究調查及其方法。

(五)其他有助於預防糾纏行為之措施（第11條）

　　國家和地方公共團體應致力採取下列措施，預防糾纏行為等：
1.掌握糾纏行為的實際動態。
2.培訓人力資源與提高其素質。
3.經由教育活動，宣導糾纏行為防制相關知識的普及。
4.支援民間自主性的組織活動及合作協助。

(六)試圖支援之措施（第12條）

　　國家和地方公共團體，為試圖為第9條第1項及前二條之支援，對於其必要體制的整備，民間自主性組織活動的支援，應致力採取財政上相關補助及其他必要之措施。

　　另如圖2-1所示，有關日本對於糾纏行為及家暴等案件的諮商情形，有居高不下之傾向。

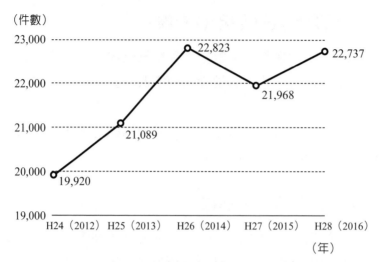

圖2-1　日本平成24（2012）年至平成28（2016）年糾纏行為案件諮商情形
資料來源：http://moly.jp/?p=1338，瀏覽日期：2022.3.1。

三、第三次修法（令和3（2021）年）

　　所謂糾纏係指反覆跟騷同一個人的行為。糾纏行為規制法為規範糾纏行為等，保障受害人的安全與生活安寧。其定義「對特定人之戀愛情感、好感（情愫）或尚不足以達成諸如此類之情感，進而對該特定人產生（由愛）怨恨」為要件。

　　日本令和3年「糾纏行為規制法」部分條文修正，乃因2020年就違反該法被檢舉之案件多達985件，創有史以來新高。此外，根據日本全國警方每年接獲的糾纏諮詢案件超過2萬人次，持續創下近年新高。

　　如前所述，糾纏行為規制法於2000年尚未施行公布前，國內並無一部法規得以處罰該糾纏行為。然而，因加害人的糾纏行為逐漸加劇，引發社會矚目之重大案件，進而催生該法。其後，伴隨著網際網路的普及、科技進步，直至目前為止，歷經2次修法。

　　本次修法欲刪除對特定人「好感」之要件。惟，修法後，仍維持以「對特定之人懷有戀愛情感、好感（情愫）或對該特定人產生（由愛）怨恨」為要件。是以，若無糾纏行為之情形就不構成跟蹤騷擾。

　　另，本次修法之際，日本政府受到被害人團體強烈要求應刪除（有關「好感」之要件），包含日本國會、執政黨及反對黨都有意見，贊成應予以刪除。最終，仍維持保留該要件，暫不予刪除。

　　令和3年主要修法內容如下：1.裝置GPS跟騷（取得位置資訊「守候」）；2.擴張被害人「附近」的概念（包含巧遇被害人路過的地方）；3.寄送信函之行爲（直至目前爲止，僅限於撥打電話、發送電郵和簡訊）。

　　上述修法內容，增定下列行爲：

(一)裝置GPS設備等未經授權同意取得所在位置訊息

　　1. 未取得當事人之同意，裝置GPS取得位置所在訊息紀錄的行爲。

　　2. 未經同意，將所在位置訊息紀錄／傳輸設備（GPS設備等）裝置在當事人的物品上的行爲（例如：在車子上偷偷地裝置GPS設備、竊取裝置GPS設備的位置信號）。

(二)實際在被害人所在的地方爲「守候」等

　　除了被害人平時之居所、職場、學校等外，於被害人當時所在的地方進行守候、不請自來及其附近徘徊等之行爲，都將是受到本次修法新增規範的對象。例如：碰巧路過被害人常光顧的商店、於被害人投宿飯店附近徘徊等之行爲。

　　本次修法前，僅規定被害人通常所在地。例如住所、辦公室或學校。本次新增規定爲實際地點，如商店、飯店、公園等。

(三)即便遭到拒絕，仍繼續寄送信函的行爲等

　　修法前除了電話、傳眞、電子郵件和SNS訊息外，本次修法新增被拒絕後仍繼續寄送信函之（糾纏）行爲。例如：每天寄送信函至被害人的家或上班的地方、每天多次將信件直接放到（或郵寄）被害人信箱。

　　上述行為，警察機關得依本法第3條為「警告（行政指導）」，要求行為人自主性的終止該不法行為，違反者無處罰規定。

　　惟，行為人不遵守上述「警告」，都道府縣公安委員得以提出「禁止命令」。「禁止命令」若已經該行為人進行聽證程序，行為人不能提出聲明異議，若有不服得提起訴訟。

　　日本制定糾纏行為規制法主要目的，係希望藉由實施該法對騷擾行為人以處罰等之方式，訂定對被害人之援助措施，以防止危害個人身體、自由及名譽之發生，維護國民生活之安全與安定。

肆　日本糾纏行為規制法第2條糾纏行為之定義與實務見解

一、定義

　　日本糾纏行為規制法第2條對於騷擾行為定義為「本法所稱『糾纏等』，係指特定人或其配偶，直系親屬或其他同居之親屬或對與該特定人之社會生活有密切關係之人之愛戀、好感及怨恨等之情愫，為下列各款（共八款）之行為之意」[13]。即尾隨糾纏、告知行動遭到監視、要求會面交往、明確之粗暴言行、連續通訊騷擾、寄送穢物、名譽侵害、有害性羞恥心等八種行為。其中，以告知遭監視、寄送穢物、有害性羞恥心的方式成立的糾纏行為，包括置於可得而知的狀態，即符合糾纏行為。因此，日本明文規定，對於糾纏行為之定義，僅止於行為人對被害人有符合戀愛或其好感、怨恨等之情愫。這與我國所制定頒布之跟蹤騷擾防制法的定義有所不同[14]。

---

[13] この法律において「つきまとい等」とは、特定の者に対する恋愛感情その他の好意の感情又はそれが満たされなかったことに対する怨恨の感情を充足する目的で、当該特定の者又はその配偶者、直系若しくは同居の親族その他当該特定の者と社会生活において密接な関係を有する者に対し、次の各號のいずれかに掲げる行為をすることをいう。

[14] 即本法第3條規定，本法所稱跟蹤騷擾行為，指以人員、車輛、工具、設備、電子通訊、網際網路或其他方法，對特定人反覆或持續為違反其意願且與性或性別有關之下列行為之一，使之心生畏怖，足以影響其日常生活或社會活動：
一、監視、觀察、跟蹤或知悉特定人行蹤。
二、以盯梢、守候、尾隨或其他類似方式接近特定人之住所、居所、學校、工作場所、經常出入或活動之場所。

二、日本實務對於糾纏行為定義的見解

1. 平成15年12月11日最高裁判所第一小法庭判決平成15年（あ）第520號ストーカー行為等の規制等に関する法律違反被告事件

　　有關其糾纏行為定義的認定與解釋，依日本最高法院駁回原審大阪高等法院平成14（う）1465號；平成15年2月20日之判決，其判決理由如下：

　　蓋糾纏行為規制法之立法目的，乃冀望藉由處罰糾纏行為等方式及對糾纏行為採行必要之防制措施，明定對被害人的援助措施等事項，防止其糾纏行為對當事人身體、自由、名譽的危害發生，並維護國民的生活安全與安定，固立法目的誠屬妥適[15]。

　　其次，糾纏行為規制法為達成上開目的，規範以表達愛戀或其喜好感情之情愫等之行為中，讓對方感覺其身體、住居等之安全或其名譽受損害或行動自由明顯受到妨害之不安的方法下，所為的逸出常軌之糾纏行為者為對象。其中，對於當事人的法益侵害係屬重大，僅限於有必要以刑罰加以制止之情形下，基於當事人之處罰意思科以刑罰。並且，這對於違反本法者的法定刑與刑法、輕犯罪法等相關法令加以比較，亦非特別嚴苛。因此，綜觀糾纏行為規制法所規範之內容，得認定其為合理且相當。

伍 小結

　　綜觀上述日本糾纏行為規制法之歷次修法動機，例如粉絲對於偶像亦存在某種情愫，符合本法第2條好感（情感）因素之關係，與我國近

三、對特定人為警告、威脅、嘲弄、辱罵、歧視、仇恨、貶抑或其他相類之言語或動作。
四、以電話、傳真、電子通訊、網際網路或其他設備，對特定人進行干擾。
五、對特定人要求約會、聯絡或為其他追求行為。
六、對特定人寄送、留置、展示或播送文字、圖畫、聲音、影像或其他物品。
七、向特定人告知或出示有害其名譽之訊息或物品。
八、濫用特定人資料或未經其同意，訂購貨品或服務。
[15] https://www.courts.go.jp/app/files/hanrei_jp/066/050066_hanrei.pdf，瀏覽日期：2022.4.7。

幾年所發生跟騷行為，殺害愛戀、追求對象不成或分手暴力等之駭人案件層出不窮，引發社會高度關注。

因此，本文認為，我國公布施行跟蹤騷擾防制法第3條之定義，「對於特定人反覆或持續為違反其意願且與性或性別有關之下列行為」，應仿效日本糾纏行為規制法之立法例，明定僅限定對被害人有愛戀、好感或怨恨等之情愫為成立要件。因為「與性或性別有關」之定義範圍過寬易造成警力吃緊，無法負荷。且，亦有學者指出，日本現行糾纏行為的法律，存在情感關係限制，如果去除該門檻，案件數可能翻倍，連帶造成執法人員無法負荷。且認為此法的本質應定義清楚，並以感情要素為限制，可避免定義範圍過寬，導致人民權益受侵害，另外，還須考量警方執法的能力[16]。

另外，實務之見解亦認為，日本法的用語較為具體、強烈，例如：「寄送污物」、追求行為強度須為「要求沒有義務進行之事」；台灣則只規定「寄送物品」、「約會、聯絡或其他追求行為」，用語程度較輕。因此也引發質疑，認為這將僅以被害人主觀感受來判斷，而讓性別相處上難以拿捏，容易陷人入罪[17]。

---

[16] https://news.cts.com.tw/unews/campus/202004/202004301999224.html，瀏覽日期：2022.4.7。

[17] https://opinion.udn.com/opinion/story/10043/5489016，瀏覽日期：2022.4.7。

第三篇

跟蹤騷擾防制法逐條釋義

民國110年12月1日總統令制定公布全文23條；並自公布後六個月施行。

第1條（立法目的）

為保護個人身心安全、行動自由、生活私密領域及資訊隱私，免於受到跟蹤騷擾行為侵擾，維護個人人格尊嚴，特制定本法。

壹 立法理由

一、參照司法院釋字第689號解釋意旨，明定本法立法目的在保護個人之行動自由、免於身心傷害之身體權、於各場域中得合理期待不受侵擾之自由與個人資料自主權，免於受到跟蹤騷擾行為之過度冒犯或侵擾，並維護個人人格尊嚴。

二、跟蹤騷擾行為使被害人心生恐懼、長期處於感受敵意或冒犯之狀態，除造成其心理壓力，亦影響其日常生活方式或社會活動，侵害個人行動與意思決定自由。為保障民眾權益並利於遵行，本法擇社會上常見之跟蹤騷擾行為態樣統一規範，並參考先進國家，如美國、英國、歐盟及日本等之立法例，將該行為犯罪化。

三、現行其他法律因考量當事人之身分、關係、場所（域）或性別等（如家庭暴力防治法、性騷擾防治法、性別工作平等法或性別平等教育法），別有調查、預防、處遇、處罰或其他規定者，亦得適用之，併予說明。

貳 解說

　　跟蹤騷擾（stalking，又譯為糾纏、纏擾）業經聯合國將其與性侵害、家庭暴力同列為全球婦女人身安全三大威脅，該行為係針對特定人

反覆或持續之侵擾，使被害人心生畏怖、長期處於感受敵意或冒犯之情境，除不當影響其正常生活之進行，更可能衍生為重大犯罪案件；跟蹤騷擾行為可能源自迷戀、追求（占有）未遂、權力與控制、性別歧視、性報復或性勒索等因素，被害人係女性及行為人係男性之比例均約占八成，性別分布差異明顯，具有發生率高、危險性高、恐懼性高及傷害性高等特徵。

　　尤其對女性而言，遭到跟蹤與騷擾更是很普遍的情況，根據美國2011年親密關係與性暴力的全國調查資料發現，有15%的女性在一生中曾經遭遇被跟蹤騷擾的經驗[1]；歐盟針對28國的調查資料也顯示，15歲以上的女性一生遭跟蹤騷擾的比率是18%（European Union Agency For Fundamental Rights, 2014）；跟蹤騷擾可說是女性遭受的主要暴力類型之一。故過去二十年來，西方主要國家均已就此議題在法律與政策上有所回應，而亞洲地區，日本亦已於2000年11月正式施行此等法律[2]。

　　我國近年來亦發生數起恐怖情人跟蹤騷擾，衍生成全國皆知之情殺案件，其中最驚悚的當屬2014年的「**台大宅王情殺案**」。行為人張男為挽回分手的女友A女，於2014年9月14日知悉A女並未在家內，竟基於侵入住居之犯意，無故侵入A林女住宅並留滯其內，待A女返家後，其後張男又基於恐嚇之犯意，偷拍裸照，以此加害名譽之事恐嚇A女，致A女心生畏懼而生危害於安全。其後又因認對A女付出至深卻遭無情對待，並懷疑A女已另結新歡，陷入愛恨交雜之糾葛，而有自殺之念頭，遂於同年9月15日在松青超市內購買鈦鋼刀1把，並擬與A女見最後一面，若確認感情已無可挽回，即與A女共赴黃泉。同年9月22日早上6時許在A女住處旁等候，於同日早上6時58分見A女出門即「**尾隨**」在後，待A女行至交岔路口處時，即趨前以右手摟住A女肩膀，基於恐嚇之犯意，以此加害生命之事恐嚇A女，致A女心生畏懼而生危害

---

[1] Breiding et al., 2014.
[2] 王佩玲，求助有用嗎？受暴婦女遭跟蹤騷擾的因應與困境，刑事政策與犯罪研究論文集(20)，2017年11月，頁227。

於安全；嗣因A女激烈掙扎、大聲驚呼並推開張男，張男覺情感再度受挫，憤怒情緒潰堤，乃基於殺人之犯意，自其隨身背包中取出上開鈦鋼刀，砍殺A女，使A女受有頭部17處、頸胸部15處、四肢15處共47處銳創傷，其中有頭部左臉頰、左下巴、左上臂外側、右上臂前側6處致命傷，及左頸部銳創達左頸椎隆突並切斷左側頸部血管出血之主要致命傷，致A女因出血性休克死亡。倒地後，亦持刀自砍自身頸部、臉頰、胸口及手腕處，並另基於污辱屍體之犯意，親吻被害人下體，直至遭逮捕。

　　2017年10月20日的「**台科大潑酸事件**」發生在國立臺灣大學研一女宿舍大廳。25歲的國立臺灣科技大學研究所碩士班畢業生張男，由於感情因素，對23歲的臺大心理系研究生謝男（前男友）潑灑硫酸後自殺的刑事案件。

　　2020年10月的「**長榮大學馬來西亞籍女學生命案**」，一名就讀該校學士課程三年級的女學生，遭梁男基於強制性交、強盜殺人、強制性交殺人之犯意，於2020年10月28日19時許，先駕駛自用小客車至台鐵沙崙線高架橋下方，在該處**伺機等待**1至2小時，於同日20時50分許，見A女獨自路過該處，梁男見時機成熟，遂尾隨A女實行犯罪計畫。其明知頸部為人體重要部位，如施力扼壓，將使呼吸道受到壓迫阻塞而窒息死亡，以左手手持前開備妥之上吊結麻繩，自後圈住A女頸部並勒緊繩結，再用右手勒住A女頸部，A女因突遭鎖喉致氣力盡失而跌倒，因而受有膝部垂直施力方向之圓形壓擦傷，梁男再將A女強行拖行至路旁草叢，並先行翻找A女身上現金未果。A女此時乃向梁男大叫哭喊：有話好好說，不要這樣等語。梁男因害怕A女呼救致附近民眾發現，遂以雙手強悶A女口鼻，而A女則以牙齒咬住梁男右手中指以為反擊；梁男因此心生不滿，繼而徒手毆打A女臉部，致A女受有頭部左側、額部及左眼眶明顯瘀傷腫脹。待A女無力反抗掙扎後始停止毆打；嗣梁男違背A女之意願，先強行脫去A女上衣及上掀其胸罩，再舐吻及含咬A女之胸部乳頭，隨後再強力解開A女牛仔短褲扣子並褪去A女牛仔褲，以強暴方式，性侵滿足其性慾得逞。而後A女遭棄屍在高雄市阿蓮區的山

區。遺體被尋獲時，全身僅著內褲，頸部仍被繩索緊勒。由於同年9月底發生類似遭擄走未遂事件的被害人赴歸仁分局大潭派出所報案，但警察卻未開三聯單，被質疑吃案。此案造成歸仁分局分局長及轄區大潭派出所所長因此遭受調職懲處。

　　上述這些與性或性別相關的命案，造成社會大眾惶恐不安，因此社會大眾普遍期待政府儘速立法規範。爲有效防範及處罰跟蹤騷擾行爲，以防止其危害他人身心安全、行動自由、生活私密領域或資訊隱私，並使公權力適時介入以完整保護被害人，強化防制性別暴力，輿論不乏有提出專法的建議，例如：2017年司法改革國是會議提出「反跟蹤騷擾法」、婦女基金會2015年推出「跟蹤騷擾防制法」。但直至2021年底才完成立法，主要的因素還是考量警力的負擔，對警察機關原有之勤務產生嚴重的衝擊[3]。

　　然而以往我國法制上，關於跟蹤、騷擾的防止，僅在「家庭暴力防治法」與「社會秩序維護法」上有些許規定。在家庭暴力防治法上有關「民事保護令」之核發，會命令加害人不得對被害人進行跟蹤、騷擾，但對於超過家庭暴力防治法保護範圍的各種跟蹤、騷擾、糾纏行爲，被害人均無法向法院聲請「民事保護令」。在刑法上，除了「違反保護令罪」之外，並沒有針對跟蹤、騷擾、糾纏等行爲的刑法處罰規定足以因應。

　　以往若要說對跟蹤行爲規範的法規，當屬社會秩序維護法第89條第2款對於跟追行爲的行政罰。然而根據該法之規定，警察僅能在跟追者「無正當理由跟追他人」、「經勸阻不聽者」，始能加以裁罰新臺幣3,000元以下罰鍰或申誡，因此即使被害人報案請求警察協助，只要跟追者應警方要求而離開，警方便無法裁罰；且即使裁罰，法律效果也非常輕微。即使被害人受跟蹤騷擾而想要尋求警察的協助，警察可以介入的法源依據仍也有限，除非跟蹤騷擾行爲已經進一步地演變成侵害人身

3　許福生，讓跟蹤騷擾防治法草案更明確可行之道，警光雜誌，第767期，2020年6月，頁32。

之行為，刑法才會加以介入[4]，換言之，很多情況是被害人求助無門，警方偵辦此類案件於法無據。

　　如日本1999年的「桶川跟蹤狂殺人案」（地點發生在桶川車站附近），就是一個血淋淋的例子。1999年10月26日，女大學生詩織在自行車停車場，突然遇刺，當場倒地不起。送醫後，因失血過多，宣告不治身亡。兇手就是瘋狂騷擾的前男友，小松誠。詩織與小松誠交往不久，**詩織就發現小松誠怪怪的，他的名片是假的，還有他的財路不明，**他送了詩織許多名貴物品，詩織不想收，要小松不要再送了，卻得到小松幾近瘋狂的反應—他無法理解詩織為什麼不接受他的心意，**即便詩織想分手，但小松誠仍是瘋狂地跟蹤騷擾，儘管詩織與家人曾經多次報警，但警方認為她收受男友許多價值不菲的禮物，影射她拜金，所受的遭遇是理所當然，**最終女生仍決定分手，詎料恐怖情人竟買兇教訓她，其後演變成命案。不僅如此，警方事後還故意誘導媒體詆毀女死者的名譽，認為她身著名牌可能從事貪慕虛榮的行業所致，遇害是咎由自取。直至有週刊記者不放棄地追查真相，靠著多年的採訪經驗蒐集到了資訊挖掘線索，追案進度竟超越警方的專案小組，最後引導警方找到真兇才終還死者清白，進而引發日本「纏擾規制法」的立法。

　　鑑於國內外這類案件的頻繁發生，在各方的壓力下，行政院參考各先進國家立法模式，將跟蹤騷擾行為予以「入罪化」，於2021年4月22日擬妥「跟蹤騷擾防制法」草案。

　　依行政院提案要旨：「為維護性別平等，防制性別暴力，我國近年來已陸續制定並公布施行多部法律，如1997年制定公布性侵害犯罪防治法、1998年制定公布家庭暴力防治法、2002年制定公布兩性工作平等法（2008年1月16日修正公布名稱為性別工作平等法）、2004年制定公布性別平等教育法，及2005年制定公布性騷擾防治法等，以彰顯並落實性別主流化、被害人保護等憲法人權價值及國家重大政策。」跟騷法於2021年11月19日三讀通過，並自公布後六個月施行。

---

[4] 王皇玉，跟蹤糾纏行為之處罰：以德國法制為中心，台大法學論叢，第47卷第4期，2018年12月，頁2349以下。

　　跟騷法通過後內政部表示，本次院會通過的跟蹤騷擾防制法能即時保護被害人安全，將於公布後六個月施行。法案採世界各先進國家立法模式，**將該類行為視為犯罪，警察獲報後，可即時展開犯罪偵查**，發動拘捕、搜索、移送、建請聲押等刑事強制處分；並有警察書面告誡及法院核發保護令狀制度，周延被害人保護，藉由完善立法，補足性別暴力防制的最後一塊拼圖[5]。

　　自此，跟騷法所明定的「跟蹤騷擾行為」係一種犯罪，行為人處一年以下有期徒刑、拘役或科或併科新臺幣10萬元以下罰金，屬告訴乃論之罪。惟，若攜帶凶器或其他危險物品犯跟騷罪，可處五年以下有期徒刑、拘役或科或併科50萬元以下罰金。另為保護被害人安全，警察機關調查有跟蹤騷擾行為之犯罪嫌疑者，可核發書面告誡；書面告誡二年內若再犯，被害人、警察或檢察官得向法院聲請保護令，保護令除可禁止跟騷者接近特定場所外，也可命其接受治療，保護令期限一次最長二年、可聲請延長。違反保護令者，處三年以下有期徒刑、拘役或科或併科30萬元以下罰金。行為人如攜帶凶器、危險物品或違反保護令，有反覆實行之虞者，法院並得採取刑訴上之預防性羈押[6]。

第2條（主管機關及權責範圍）

本法所稱主管機關：在中央為內政部；在直轄市為直轄市政府；在縣（市）為縣（市）政府。

本法所定事項，主管機關及目的事業主管機關應就其權責範圍，依跟蹤騷擾防制之需要，主動規劃所需保護、預防及宣導措施，對涉及相關機關之防制業務，並應全力配合。其權責如下：

一、主管機關：負責防制政策、法規與方案之研究、規劃、訂定及解釋；案件之統計及公布；人員在職教育訓練；其他統籌及督導防制跟蹤騷擾行為等相關事宜。

---

[5]　內政部官網，跟蹤騷擾防制法三讀通過讓國人生活更安穩，https://www.moi.gov.tw/News_Content.aspx?n=4&s=238123，瀏覽日期：2022.2.10。

[6]　許福生，跟蹤騷擾防制法爭點評析，警政論叢，第21期，2021年12月，頁26。

二、社政主管機關：跟蹤騷擾被害人保護扶助工作、配合推動跟蹤騷擾防制措施及宣導等相關事宜。

三、衛生主管機關：跟蹤騷擾被害人身心治療、諮商及提供經法院命完成相對人治療性處遇計畫等相關事宜。

四、教育主管機關：各級學校跟蹤騷擾防制教育之推動、跟蹤騷擾被害人就學權益維護及學校輔導諮商支持、校園跟蹤騷擾事件處理之改善等相關事宜。

五、勞動主管機關：被害人之職業安全、職場防制教育、提供或轉介當事人身心治療及諮商等相關事宜。

六、法務主管機關：跟蹤騷擾犯罪之偵查、矯正及再犯預防等刑事司法相關事宜。

七、其他跟蹤騷擾行為防制措施，由相關目的事業主管機關依職權辦理。

中央主管機關為推動前述事項應設置防制跟蹤騷擾推動諮詢小組，遴聘（派）學者專家、民間團體及相關機關代表之人數，不得少於總數二分之一，且任一性別人數不得少於總數三分之一。

壹　立法理由

一、第1項定明本法之主管機關。
二、第2項定明主管機關及目的事業主管機關應辦理之事項。
三、第3項定明設置推動諮詢小組及其成員比例。

貳　解說

為整合運用政府資源，各機關應發揮專業職能，依相關法規規定執行被害人保護扶助、行為人心理健康支持或精神疾病治療、防制教育推動等保護措施，以有效防制跟蹤騷擾行為。

第3條（跟蹤騷擾行為的定義及其類型）

本法所稱跟蹤騷擾行為，指以人員、車輛、工具、設備、電子通訊、網際網路或其他方法，對特定人反覆或持續為違反其意願且與性或性別有關之下列行為之一，使之心生畏怖，足以影響其日常生活或社會活動：

一、監視、觀察、跟蹤或知悉特定人行蹤。

二、以盯梢、守候、尾隨或其他類似方式接近特定人之住所、居所、學校、工作場所、經常出入或活動之場所。

三、對特定人為警告、威脅、嘲弄、辱罵、歧視、仇恨、貶抑或其他相類之言語或動作。

四、以電話、傳真、電子通訊、網際網路或其他設備，對特定人進行干擾。

五、對特定人要求約會、聯絡或為其他追求行為。

六、對特定人寄送、留置、展示或播送文字、圖畫、聲音、影像或其他物品。

七、向特定人告知或出示有害其名譽之訊息或物品。

八、濫用特定人資料或未經其同意，訂購貨品或服務。

對特定人之配偶、直系血親、同居親屬或與特定人社會生活關係密切之人，以前項之方法反覆或持續為違反其意願而與性或性別無關之各款行為之一，使之心生畏怖，足以影響其日常生活或社會活動，亦為本法所稱跟蹤騷擾行為。

壹　立法理由

一、依憲法第23條規定及司法院大法官釋字第476號、第544號等解釋意旨，國家對於特定事項所為之立法政策，應符合目的正當、手段必要及限制妥當之比例原則。

二、跟蹤騷擾行為之規範係基於**危險犯**概念，使國家公權力得大幅提早介入調查及處罰，故將其適用範圍限縮在易發生危險行為，保護生命、身體及自由等核心法益免受侵害，以符合比例原則。

三、揆諸外國法制經驗，美國加州於1989年發生女演員遭瘋狂追求二年之粉絲殺害、同年亦有四起婦女受到前親密伴侶跟蹤騷擾後殺害等案件，促使該州於次年制定世界上第一部「反跟追法案」（anti-stalking laws），跟蹤騷擾者科以刑責，並累積案例形成洛杉磯警察局分類架構，**將行為分為「一般性強迫型」（simple obsessional stalker）、「戀愛強迫型」（love obsessional stalker）及「情愛妄想型」（erotomania）等三類**；另日本於1999年發生桶川事件，一女大學生被前男友跟蹤騷擾並殺害，遂於次年通過糾纏行為規制法（ストーカー行為等の規制等に関する法律），同將跟蹤騷擾行為視為犯罪；而我國近年來發生多起社會矚目案件，**均屬行為人基於性或性別之犯行**，於跟蹤騷擾過程中，造成該被害人生命、身體等重大法益遭受侵害或致生風險。

四、依前開案例及研究得知，跟蹤騷擾行為主要源自迷戀、追求（占有）未遂、權力與控制、性別歧視、性報復或性勒索等因素，是類與性或性別有關之跟蹤騷擾行為人，無視對方意願的施加大量關注甚至意圖控制，其行為顯示將被害人當成自己的附屬品，因而具有發生率、恐懼性、危險性及傷害性四高特徵，爰本法以防制性別暴力為立法意旨，並以「與性或性別相關」定明行為構成要件；至有無該當跟蹤騷擾行為，應一併衡酌被害人主觀感受，並以「合理被害人」為檢視標準。

五、另本法定明跟蹤騷擾行為須針對特定人反覆或持續為之，且有使他人心生畏怖之結果，其立法目的係保護個人法益；故若非針對特定個人或對象，而係針對某特定或不特定之族群為仇恨、歧視言論者，自無本法之適用。

六、第1項說明如下：

(一)所稱與性或性別相關，依「消除對婦女一切形式歧視公約」（The Convention on the Elimination of all Forms of Discrimination Against Women，以下簡稱CEDAW）第28號一般性建議意旨，「性」（sex）係指男性與女性的生理差異，「性

別」（gender）指的是社會意義上的身分、歸屬和婦女與男性的作用，以及社會對生理差異所賦予的社會和文化含義等；次依CEDAW第19號及第35號等一般性建議意旨，「基於性別的暴力」係針對其為女性而施加暴力或不成比例地影響女性，包括身體、心理或性的傷害、痛苦、施加威脅、壓制和剝奪其他行動自由，即係將女性「在地位上從屬於男性」及其「陳規定型角色加以固化」的根本性社會、政治和經濟手段。另隨著法治化發展、性別主流化概念普及與性別意識提升，CEDAW保護範圍已不限生理女性，而擴及各種性別及性取向者。

(二)所稱反覆或持續，係謂非偶然一次為之，參考外國法制實務，德國聯邦最高法院認為判斷「持續反覆」要件，重點在於行為人是否顯露出不尊重被害人反對的意願，或對被害人的想法採取漠視而無所謂的心態；奧地利刑法認為應從「時間限度」，即長時間的騷擾，結合「量的限度」，即次數與頻繁度做整體評價；日本則認為所謂「反覆」，係指複數次重複為之，以時間上的近接性為必要，並就個別具體事案作判斷。另本條適用非指全數款項之要件皆須成立，僅須反覆或持續從事第1項各款行為之一項或數項，即有本條適用。

(三)至畏怖之判斷標準，應以已使被害人明顯感受不安或恐懼，並逾越社會通念所能容忍之界限。

(四)各款所定跟蹤騷擾行為，包含運用口語、文字、符號、肢體動作、表情或電子科技通訊方式等，足以表露行為人意思之行為，爰於序文整合規定實行跟蹤騷擾行為之各種方法。

(五)為明確規範本法所欲防制之跟蹤騷擾行為，並使民眾清楚知悉或具體認知可罰行為之內容，爰將跟蹤騷擾行為之類型分款規定，以資明確。

(六)第2款規定接近特定人住所、居所、學校、工作場所、經常出入或活動場所之行為態樣，包含行為人受退去之要求仍滯留該等場所者。

(七)第4款所稱干擾，包含撥打無聲電話或發送內容空白之傳眞或電子訊息，或經拒絕後仍繼續撥打電話、傳眞或傳送電子訊息等。

(八)第5款所稱其他追求行爲，係對於特定人展現其基於戀愛、憧憬、好感或對其有性相關意圖等感情所爲之表達行爲。

七、又實務常見行爲人爲追求特定人，而對特定人之配偶、直系血親、同居親屬或與特定人社會生活關係密切之人，實行違反其意願而與性或性別無關之跟蹤騷擾行爲，爲避免產生規範缺漏，爰爲第2項規定。另參考日本及德國立法例，將與該特定人社會生活關係密切之人納入保護，包含以家庭、職場、學校或其他正常社交關係爲基礎，與該特定人處於穩定互動關係之人，併予說明。

 解說

一、跟蹤騷擾的類型

草案參考美日經驗，美國加州在1989年，曾發生女演員遭瘋狂粉絲殺害事件，以及四起婦女遭前親密伴侶跟騷後殺害等案件，促使加州制定世界上第一部反跟追法案；1999年，日本也發生桶川事件，一女大學生被前男友跟蹤騷擾並殺害，遂於次年通過糾纏行爲規制法。

草案所稱跟蹤騷擾行爲，指以人員、車輛、工具、設備、電子通訊、網際網路或其他方法，對特定人「反覆或持續爲違反其意願且與性或性別有關」的八類行爲，使之心生畏怖，足以影響其日常生活或社會活動。八類行爲包含：(一)爲監視、觀察、跟蹤或知悉特定人行蹤；(二)爲以盯梢、守候、尾隨或其他類似方式接近特定人之住所、居所、學校、工作場所、經常出入或活動之場所；(三)是對特定人爲警告、威脅、嘲弄、辱罵、歧視、仇恨、貶抑或其他相類之言語或動作；(四)以電話、傳眞、電子通訊、網際網路或其他設備，對特定人進行干擾；(五)爲對特定人要求約會、聯絡或爲其他追求行爲；(六)對特定人寄

送、留置、展示或播送文字、圖畫、聲音、影像或其他物品；(七)為向特定人告知或出示有害其名譽之訊息或物品；(八)濫用特定人資料或未經其同意，訂購貨品或服務。

二、外國立法例

(一)美國

　　美國加州於1990年頒布世界第一部跟騷防制法。制定本法的動力，係發生好萊塢演員Rebecca Schaefer慘遭瘋狂粉絲Robert John Bardo殺害的案件。根據1990年實施的加州跟騷法，跟騷行為的罪行被定義為「故意、惡意，並且反覆跟蹤或騷擾另一個人，意圖將該人置於合理的恐懼死亡或巨大的身體傷害恐懼之中」[7]。

　　於2007年修正的「模範反跟蹤騷擾法」（Model Anti-Stalking Code），對於跟騷行為的定義是，行為須在客觀上「反覆的近距離接觸或以口語、文字或以行為暗示之方法威迫他人」且該行為須確實引起被跟騷人對於其自身或其親人安危之恐懼；主觀上行為人：1.對於其所從事之反覆的跟騷或威脅行為具有故意；2.明知或應知悉該行為會使被跟騷人或其身邊親人恐懼其自身之安全。接著，各州陸續增訂的跟騷法，均以該法為基礎來修訂[8]。

　　隨著各種網路犯罪蓬勃發展，自然亦包括網路跟騷。所謂「網路跟騷」，係指透過包括呼叫器、手機、簡訊、電子郵件以及網際網路等之電子通訊系統，對他人實施騷擾之行為。而網路跟騷雖然與傳統「直接監視」的跟追行為動機類似，亦同樣牽涉反覆實施之騷擾行為，然而，網際網路之便利性、低成本、高連結度和無地域性以及各種電子通訊設備本身所具備之特性皆讓網路跟騷行為在許多方面與傳統之跟追行為大

---

[7]　黃翠紋，跟蹤騷擾防制法之評析與展望，刑事政策與犯罪研究論文集(22)，2019年10月，頁263。
[8]　張麗卿，性騷擾跟迫的入罪化，月旦法學雜誌，第290期，2019年7月，頁90以下。

為不同，甚至可以說對被害人所可能造成之創傷亦較傳統跟騷行為來的更為嚴重[9]。

　　有鑑於此，除了各州有所立法行動外，聯邦法亦修法因應[10]：1.聯邦法典第18章第875條c款（18 U.S.C. §875(c)）。該條款係規定於美國跨州通訊法（Interstate Communications Act）內。根據該款之規定，跨州傳送威脅傷害他人之任何訊息者，處最重五年以下之有期徒刑；2.聯邦法典第47章第223條（47 U.S.C. §223），該條主要係針對使用電話通訊所為之犯罪行為；3.聯邦法典第18章第2261A條（18 U.S.C. §2261A）此條規定即為1996年通過之聯邦反跟追法——「跨州跟追行為處罰與防治法」（ISPPA）。該法係為聯邦層級第一個專門針對跟追行為而制定之反跟追法。然而，其原先之適用範圍僅限於傳統之跟騷行為（offline stalking）。因此，美國國會又分別於2000年及2006年分別針對該法之部分構成要件加以修改，使其能夠適用於網路上之跟騷行為。

(二)日本

　　自1999年10月26日，在日本埼玉縣桶川市發生震驚日本社會的「桶川事件」後，隔年5月16日參議院議員松村龍二在同院地方行政與警察委員會提出「關於糾纏騷擾行為等規制法」（ストーカー行為等の規制等に関する法律）草案，先後通過參議院與眾議院審議，2000年日本「糾纏騷擾行為規制法」開始施行[11]。依該法第2條第1項所稱之「糾纏等」，**係指以滿足對特定人之戀愛感情、其他好感或該等感情無法滿足時之怨恨為目的，對該特定人、其配偶、直系或同居之親屬、或**其他與該特定人在社會生活上有密切關係之人；又所稱之「糾纏騷擾行

---

[9]　法思齊，反跟追法之新挑戰—美國網路跟追法（Cyberstalking Law）之初探，月旦法學刑事法評論，第5期，2017年6月，頁39以下。
[10]　法思齊，反跟追法之新挑戰—美國網路跟追法（Cyberstalking Law）之初探，月旦法學刑事法評論，第5期，2017年6月，頁48以下。
[11]　黃士軒，概觀日本糾纏騷擾行為罪的處罰現況，月旦法學刑事法評論，第5期，2017年6月，頁92。

為」（第2條第3項），係指對同一人，反覆進行糾纏等行為〔就第2條第1項第1款至第5款（以有關傳送電子郵件部分為限）所揭之行為，須受侵害對身體安全、居住之平穩或名譽，或行動自由顯著受侵害而感到不安之方法行之者為限〕[12]。

因此日本法的特徵，**除了必須有特定感情上目的外，還需以行為具備「反覆性」為前提**。日本實務與通說對於此一「**反覆性**」的判斷，是考量實際的糾纏騷擾案件的情形，應採取較為寬鬆的立場，認為只要是糾纏行為規制法第2條第1項所規定的各款行為的重複即可，不需重複同款甚至同款內同一的行為[13]。若行為人實行該法第2條第1項各款之糾纏騷擾行為，致使相對人感受不安時，僅違反該法第3條之禁止規定，並非當然成立犯罪，必須進而為第2條第2項之糾纏騷擾行為時，始可依該法第13條給予六月以下有期徒刑或50萬日圓以下罰金之刑罰。亦即行為人已有此等糾纏騷擾行為，被害人仍可斟酌依第4條以下之規定先請求警察機關援助，由警察機關對行為人為「警告」，亦即由警察機關向行為人告誡不得再為糾纏行為，暫不發動刑事追訴程序[14]。

(三) 德國

1. 暴力防範法

德國法制上有關防止跟蹤、騷擾、糾纏行為之法律，首先介紹的乃「暴力防範法」（Gewaltschutzgesetz）。本法於2001年12月11日制定，2002年1月1日生效，算是德國最早有關防治跟蹤、騷擾的法制。德國的「暴力防範法」中所稱之「暴力」，與刑法分則的概念不同，不僅包含了生理上之暴力（例如身體傷害或性侵），亦包含精神上之暴力（例如情緒上暴力），且甚至擴大及於間接暴力，例如以侵害小孩的

---

[12] 黃士軒，概觀日本糾纏騷擾行為罪的處罰現況，月旦法學刑事法評論，第5期，2017年6月，頁94。
[13] 黃士軒，概觀日本糾纏騷擾行為罪的處罰現況，月旦法學刑事法評論，第5期，2017年6月，頁109。
[14] 張天一，日本「纏擾行為防制法」之修正動向簡介，月旦法學雜誌，第257期，2016年7月，頁205。

福祉加以威脅。除了暴力行為之外，本法對於跟蹤騷擾（stalking）行為亦加以防範。而該法，其性質類似於我國的家庭暴力防治法，主要目的，是為了賦予民事法院有一個核發「民事保護令」（Schutzanordnungen des Zivilgerichts）之法源依據，而且讓被害人在民事上有一個保護令的請求權基礎[15]。

2. 跟蹤糾纏罪

德國的「暴力防範法」，本質仍非刑法，即使以違反保護令罪處罰亦然，因為它是賦予遭受跟蹤騷擾之被害人可以藉由民事程序，向民事法院聲請民事保護令的請求權基礎之法規。德國在刑法第238條規定跟蹤糾纏罪，德文簡稱為Nachstellung；中譯有追逐野獸、跟蹤之意，在口語中也有「追求」的意思，其原意也是從英文的stalking而來。然而，此一條文所要處罰的犯罪行為型態，除了跟蹤外，也包含了各種糾纏與騷擾之行為[16]。

該條原本是「結果犯」的立法模式，但實害結果要件適用上過於嚴格，因為必須被害人實際發生生活常態之改變，例如變更住所地之結果出現，才能成立本罪，因此常被認為保護被害人有所不足，且犯罪成立要件過於嚴苛，故在各方倡議下，而有2017年之修正。修正後之第238條規定，目前已經由「結果犯」改為「適性犯」[17]（**也就是跟蹤騷擾行為在客觀上，是否「適合於」、「足生損害」帶來或造成被害人原本生活型態的改變即可，至於事實上是否有此等結果發生，並非必要**）。

(四) 我國兼採美、日、德的立法例

美、日、德三個國家對跟蹤騷擾行為的規範模式，大致上相同，僅

---

[15] 王皇玉，跟蹤糾纏行為之處罰：以德國法制為中心，台大法學論叢，第47卷第4期，2018年12月，頁2364以下。

[16] 王皇玉，跟蹤糾纏行為之處罰：以德國法制為中心，台大法學論叢，第47卷第4期，2018年12月，頁2369以下。

[17] 德文用語為「geeignet」。

有局部的差異。**美國的模範反跟騷法，要求跟蹤騷擾（跟追）行為必須是一系列（二次以上）的跟蹤、監控等行為**。美國的部分州法，將被害人精神上的痛苦與身體、生命或財產等遭受威脅的「具體結果」視為客觀結果要件。**日本的糾纏行為規制法，同樣要求行為必須有反覆持續性**。不同於美國法的是，日本法則採取類似台灣恐嚇危安罪的模式。亦即，跟蹤騷擾行為不須實際造成被害人精神上的痛苦，只需被害人內心形成恐懼（擔心行為導致身體、居住平穩與自由等利益受到侵害）就會成罪。**德國刑法的跟蹤騷擾，也要求反覆持續的特性**。相較於美國與日本法，德國刑法的規定原來較為嚴格。但2017年刑法第238條由結果犯改為適性犯後，該罪的成立不再以跟蹤騷擾造成被害人的生活狀況產生重大改變為前提。依新法，跟蹤騷擾（跟追）行為僅須「足以使被害人的生活狀況產生重大改變」，即可成立本罪；判斷上，應先考量跟蹤騷擾者透過其行為對於被害人所施加心理壓力的程度；再考量跟追行為的頻率、持續性、強度、在時間上的關聯性、是否已產生被害人日常生活造成的改變以及對於被害人心理與生理上所造成的影響[18]。

　　從條文文義及立法理由中我們不難看出我們參酌各國法制兼採美、日、德的立法例，跟蹤騷擾的類型與日本法相當類似。而其中「**反覆持續的特性**」則是三國都有。又，「**足以**」影響其日常生活或社會活動，這個文義可知，我國新法與德國修法後的刑法第238條同，不採結果犯的立法而採「適性犯」的模式，亦即不須犯罪結果的出現，只要有「**足以**」侵害法益的危險即可構成犯罪，即為可知。立法理由更明確地指出，「……跟蹤騷擾行為之規範係基於『**危險犯**』概念，使國家公權力得大幅提早介入調查及處罰，故將其適用範圍限縮在易發生危險行為，保護生命、身體及自由等核心法益免受侵害，以符合比例原則」。

---

[18] 張麗卿，性騷擾跟追的入罪化，月旦法學雜誌，第290期，2019年7月，頁97以下。

 **爭議問題**

一、本法之跟蹤騷擾行為，是否限於基於性別等感情因素（如男女要求交往或追求行為）？

　　我國的跟蹤騷擾法有很深的日本糾纏行為規制法的影子，因此本法第3條第1項亦限縮成罪構成要件在「……**與性或性別有關之下列行為之一**」，蓋我國近年來發生多起社會矚目案件，**均屬行為人基於性或性別之犯行**，於跟蹤騷擾過程中，造成該被害人生命、身體等重大法益遭受侵害或致生風險。不過在立法過程中有立委主張[19]，**跟蹤騷擾不應該受限於性與性別有關的愛恨情仇之行為態樣**，在政院版草案跟蹤騷擾的行為構成要件中，**納入必須與性或性別有關的限制，將導致被害人在舉證上有困難**，警方難以執法；可是執政黨堅持要納入性與性別有關的限制。而性與性別有關的用語，其實是很不明確的法律概念，司法院也贊同這樣的說法，且跟騷法完全無法跳脫性與性別的框架，這是一部限縮、保守的立法。

　　參考日本立法例，該國在立法時也將跟蹤騷擾行為的處罰限於滿足對特定人之戀愛感情、其他好感或該等感情無法滿足時之怨恨為目的下所為的行為，其主要考量是為了要使處罰不過度擴張，以免對國民的自由行為造成過度的限制。然而，日本刑事法學界亦有認為，應予檢討的意見[20]。

　　我國學者也認為，本法過度限縮範圍、定義不明確，恐形同虛設，被害人可能無法即時得到國家的協助。確實，無端被「跟騷」未必與「性或性別」有關，且行為過程未必有機會讓當事人表示「違反其意願」，有些也未必「與性或性別」有關，如因職場工作關係或因宗教、種族、國籍或身障等其他因素而進行的跟騷，**同樣違反當事人意願，甚**

[19] 林思銘委員發言，立法院公報，第10屆第4會期第43期（上），2021年11月，頁160。

[20] 黃士軒，概觀日本糾纏騷擾行為罪的處罰現況，月旦法學刑事法評論，第5期，2017年6月，頁109。

至更令人恐懼，卻因「與性或性別」無關而不受規範，這種法律的區別對待，恐怕也不是國人或社會所期待，因此本法通過後仍留下諸多爭議[21]。

　　本文認為，上述正反意見皆言之有物，如不以性別交往或追求行為作為限縮之必要，有可能過度限縮國民之行為自由，而有違憲之疑慮。當然，我們也必須考慮到，如此限縮可能造成行為人任意抗辯跟蹤騷擾行為與性別交往或追求無關，而使立法目的無法達成。

　　但其實即使不以「……**與性或性別有關**」，其構成要件涵蓋的範圍也不會過廣，蓋依本法第**3**條第**1**項，跟蹤騷擾，必須與「反覆或持續為違反意願且與性或性別有關」。所以，即使沒有「與性或性別有關」這個攔截要件，也還有「持續性」或「違反意願」做攔截，換言之，**僅有「一次性不具持續性」、「不違反其意願」，構成要件均不成立，不足以成立犯罪**。

　　事實上，本法名為「跟蹤騷擾防制法」，卻將地下錢莊以盯哨、尾隨、守候等方式討債或持續以電話方式強迫推銷，同樣造成被害人心生畏怖之心，而同等跟蹤騷擾行為卻被排除在外，才是具有國家保護義務不足的違憲疑慮。建議未來修法，可將此等行為已列舉的方式納入條文規範，不必完全受限於外國立法例，畢竟「他山之石，可以攻錯」！

　　未來條文之適用上，本文主張司法實務不應將「……**與性或性別有關**」從嚴解釋，而應從**跟蹤騷擾行為**的其他跡證輔助判斷，例如行為人曾有打聽被害人個資的情節（被害人住址、電話或交通時間等），即有相當理由可心其跟蹤騷擾行為係基於「……**與性或性別有關**」，而從事疑似追求的行為有因果關係。此外，如被害人對警察不開立書面告誡有意見，堅持提出告訴，警察仍應將案件函送地檢署，讓被害人權益在偵查、審判程序中獲得保障。

---

[21] 許福生，跟蹤騷擾防制法爭點評析，警政論叢，第21期，2021年12月，頁26。

二、跟騷法實施後，是否一有感情追求行為，即構成跟蹤騷擾罪而衝擊正常男女交往？

　　依跟騷法第3條第1項，跟蹤騷擾，必須「反覆或持續為違反意願」。因此，不會因為一有追求行為就觸法，開口邀約同行、吃飯是很正常的社交行為，原則上法所不禁。但是有時候開口約人家，對方是真的沒空，再次邀約不見得違反其意願。所以這就回到「反覆或持續」性的判斷，如果對方已經明確表示拒絕了，就別一再糾纏，死纏爛打。俗話說的「烈女怕纏郎」，以後不能再當成追女孩子的鐵則了。因為這時候如果還持續死纏爛打，可能就讓對方進而主張，「使之心生畏怖，足以影響其日常生活或社會活動」。

　　關於「反覆或持續為違反意願」這個要件不能完全從字面上解釋，要對個案做不同的判斷。因為一般男女交往過程中，女方往往不「直接明確拒絕」，而是「欲拒還迎」（也就是主觀心理雖然不是那麼喜歡對方想「拒」，但在客觀行為上不願得罪對方，還是採取了「迎」的做法）[22]，其原因有可能是要表示矜持，讓人感覺不是那麼好追的印象；有可能是還不確定自己的心意；也有可能是要考察對方對自己是否真心，而態度反覆，這時候男方的追求行為，是否構成糾纏騷擾，就要謹慎判斷！因為女方這種不明確的態度常常是導致男方「誤認」自己還有機會，才會有這種「反覆或持續」的追求行為。

　　曾轟動一時的九把刀電影：《那些年，我們一起追的女孩》（真實故事），男方苦追女方許久，女方就是沒明確表態「在一起」，但也不拒絕與男方講電話、約會，因此男方多年來一直有追求的行動，後來雙方大吵一架後始中斷聯絡。

　　直到921大地震那天，男方立刻打電話給女方詢問是否平安，男方問女方：「為何當時沒有想和我在一起？」女方這樣子回答：「常常聽人家說啊，戀愛最美好的時候就是曖昧的時候。等到真正在一起了，很多感覺都會消失不見。所以我就想，乾脆就讓你再追我久一點。不然，

---

[22] 這在我國比較常出現，西方社會比較不會出現這種情況。

等你追到我之後就變懶了，那我不是很虧嗎？」這個故事就告訴我們有時候女方沒有明確拒絕或欲拒還迎，或因「享受被追的過程喜歡曖昧」或因「不確定自己是否喜歡對方」或因「社交禮儀不好意思直接拒絕」及「想考驗對方是否真心對待自己（因為對方如果是真心對待自己就會追久一點）」凡此種種均足以讓男方不放棄追求。

　　基於以上，未來實務在個案認定上，基於「刑法的最後手段性」，須審查跟蹤騷擾行為審酌是否有上述原因以及「他方有無直接明確拒絕」或以「其他適當的方法已表示拒絕」，併參酌被害人的心理反應及被害人因跟騷行為所產生的生活型態改變等作為加害人所引發恐懼（不安）等證據[23]，妥慎綜合判斷，而非一出現跟蹤騷擾行為就定罪，以免動輒得咎。畢竟如果他方「曾」表示拒絕，對方就不再出現類似行動的話，就可以減輕警方因男女追求交往行為而疲於奔命的負擔，亦可節省司法資源。

第4條（書面告誡）

警察機關受理跟蹤騷擾行為案件，應即開始調查、製作書面紀錄，並告知被害人得行使之權利及服務措施。

前項案件經調查有跟蹤騷擾行為之犯罪嫌疑者，警察機關應依職權或被害人之請求，核發書面告誡予行為人；必要時，並應採取其他保護被害人之適當措施。

行為人或被害人對於警察機關核發或不核發書面告誡不服時，得於收受書面告誡或不核發書面告誡之通知後十日內，經原警察機關向其上級警察機關表示異議。

前項異議，原警察機關認為有理由者，應立即更正之；認為無理由者，應於五日內加具書面理由送上級警察機關決定。上級警察機關認為有理由者，應立即更正之；認為無理由者，應予維持。

行為人或被害人對於前項上級警察機關之決定，不得再聲明不服。

---

[23] 黃翠紋，跟蹤騷擾防制法之評析與展望，刑事政策與犯罪研究論文集(22)，2019年10月，頁260。

壹 立法理由

本條依立法說明，係為防止跟蹤騷擾行為惡化，規定警察機關受理報案應辦事項，得採取之即時保護及危害防止措施。

跟蹤騷擾防治法關於防制跟蹤騷擾行為是在一開始發生跟蹤騷擾行為時，由警察核發「書面告誡」，此一「警察介入」所採取的模式，類似於日本「糾纏行為規制法」之制度，將防制跟蹤騷擾行為之權責機關列在警察職權之下，並藉由警察機關即時介入而給予行為人勸阻、警告，告知行為人其行為已經影響被跟蹤騷擾者的生活。因為部分跟蹤騷擾行為人對其已實際影響他人之作為未必知情，依日本實務之研究，即使其糾纏行為規制法對於違反上述「警告」並無處罰之規定，絕大部分行為人經受警告後即停止再為跟蹤騷擾。

本法乃參考上述日本立法例，採行「書面告誡」制度，警察機關經調查有跟蹤騷擾行為之犯罪嫌疑者，核發書面告誡予行為人，使行為人即時停止跟蹤騷擾，以達迅速保護被害人之立法目的。

如果加害人屢勸不聽，於警察發出處分後二年內再為跟蹤騷擾行為，則改由「司法介入」模式，亦即被害人可向法院聲請核發「保護令」。於核發保護令後，再有糾纏行為，則構成違反保護令罪。

貳 相關法條

本條立法理由聲稱書面告誡制度係參考日本糾纏行為規制法之規定所設計的。因此，有必要先來看看該法第4條之規定。

第4條第1項規定：「都道府縣警察局長或分局長（以下簡稱「警察局長等」）在接到認為被纏擾（つきまとい）等或未經其同意擅自**取得其位置資訊**等並請求對該纏擾等或未經其同意擅自取得位置資訊等行為為警告之申請時，如**認為**該申請所述相關行為有**違反前條**所規定之情形時，得依國家公安委員會規則之規定，對為該行為之人，警告其不得再反覆為該行為。」

　　本項首先表明受理及爲警告之主體是都道府縣警察局長或分局長。第二，描述得爲警告之條件：即受理被害人申請，並認爲其所陳述行爲人之行爲已違反第3條之規定[24]。第三，指出警告之內容：即不得再反覆爲該行爲。

一、警告之條件

　　就第二點而言，警察局長或分局長得爲警告之條件，除了必須有受理被害人申請之外，還必須依客觀之事實認爲被害人所陳述之關於行爲人之行爲已經違反該法第3條之規定。該法第3條之規定是「任何人都不得爲纏擾等或未經同意而擅自獲取位置資訊等使對方對於自己的人身安全、住居等的安穩、名譽受損，或行動自由受到嚴重妨害等感到不安的行爲」。

(一)纏擾與反覆纏擾

　　而所謂「纏擾」，依該法第2條第1項規定：「係指爲了滿足對某特定人之愛意或其他喜愛之情感，或爲了滿足因爲這些喜愛的情感不能獲得滿足所生怨恨的情緒，基於這樣的目的，而對該特定人或其配偶、直系親屬或同財共居的親屬，或其他與該特定人在社會生活上有密切關係的人，爲下列各款所揭示行爲之一者而言。一、纏擾（跟隨）、埋伏、阻擋去路、在住所、工作場所、學校或其他目前所在或通常所在的場所（以下簡稱「住居所等」）附近盯梢、擅入住居所等、或在住居所等之附近徘徊。二、告知其諸如自己正在監視其行動等情事，或將這些情事置於可以使其得知的狀態。三、要求會面、交往或行其他無義務之事。四、爲非常粗野或爲粗暴之言行。五、打電話之後不發一語，或雖被拒絕了卻仍然繼續打電括、寄送書信、使用傳眞機發送訊息、或發送

---

[24] 即不得爲纏擾（つきまとい）等或未經同意而擅自獲取位置資訊等使對方對於自己的人身安全、住居等的安穩、名譽受損，或行動自由受到嚴重妨害等感到不安的行爲。

電子郵件等。六、寄送穢物、動物屍體或其他極具攻擊性或令人作噁的物品,或將其置於可被知悉的狀態。七、告知足以毀損其名譽之事,或將其置於可被知悉之狀態。八、告知使人感到性羞恥之事或置於可得知悉的狀態,或者發送使人感到性羞恥之文書、圖畫、電磁紀錄(係指以電子方式、電磁方式或其他人類知覺所無法認識的方式所製作的紀錄,而係供電子計算機處理資訊之用的紀錄而言。以下於本款,亦同)相關之媒體或其他物品或置於可得知悉的狀態,或者傳送會使人感到性羞恥之電磁紀錄或其他紀錄或置於可得知悉的狀態。」

於此,值得注意者,是作為「警告」的條件之一的「認為行為人之行為已違反該法第3條之規定」並沒有以「反覆實施」為必要之條件。換言之,行為人只要有實施一次纏擾之行為,使對方對於自己的人身安全、住居等的安穩、名譽受損,或行動自由受到嚴重妨害等感到不安,即為已足。這一點與纏擾行為罪以「反覆實施」纏擾行為為必要之條件不同。亦即在日本當作警察局長或分局長施予警告之條件是只要做一次纏擾行為即可滿足,而構成纏擾罪則必須反覆為纏擾行為始可,二者之區分是清楚的。

(二)我國書面告誡之條件與日本警告條件之比較

我國跟騷法構成警告的條件是反覆為跟蹤騷擾行為,構成跟騷罪也是反覆為跟蹤騷擾行為,二者的構成要件並無不同。所不同者,是警告只要有初始之犯罪嫌疑程度即可,而跟騷罪則須達到確信的程度始可。換言之,日本是以實體條件(纏擾行為有無反覆實施)來區分警告與跟騷罪的條件,我國是以程序條件(嫌疑程度)來區分告誡與跟騷罪的條件。如此,在我國,就實體而言,所有構成警察告誡之條件者,都構成跟騷罪之條件,亦即都可成立跟騷罪。而關於跟騷罪,在還只是初始的犯罪嫌疑程度,就由警察給予告誡處分,也就是於刑事案件還沒有經法院審判前,即先由警察給予處罰(告誡處分),這樣的規定,不得不認為已與無罪推定原則相違背。

再者,行政罰法第26條第1項規定:「一行為同時觸犯刑事法律及

違反行政法上義務規定者，依刑事法律處罰之。」就是因為一行為同時觸犯刑事法律及違反行政法上義務規定時，由於刑罰與行政罰同屬對不法行為之制裁，而刑罰之懲罰作用較強，故依刑事法律處罰，即足資警惕時，實無一事二罰再處行政罰之必要。且刑事法律處罰，由法院依法定程序為之，較符合正當法律程序，應予優先適用。換言之，一行為同時符合犯罪構成要件與行政罰構成要件時，將行政罰當作刑罰之補充，只要該行為之全部或一部構成犯罪行為之全部或一部，即有刑罰優先原則之適用，規範目的是否相同，在所不問[25]。

　　同一跟蹤騷擾行為於法院審判前先由警察機關處以告誡（行政罰），如果該行為構成犯罪，理應由法院審判處罰，如果已經法院處罰，就表示法院已做了完整的評價與處罰，即無再由其他機關處罰之餘地。若如此，則先前由警察機關所為之處罰（例如告誡）即失所據，而屬不法。換言之，於法院判決有罪並予處罰之外，先由警察機關予以處罰（告誡），恐有違一事不二罰之原則。

二、警告之內容

　　就第三點而言，日本糾纏行為規制法第4條第1項於條文中明白指出警告之內容，即警告行為人不得再反覆為該行為。我國本條第2項僅規定「核發書面告誡予行為人」，至於告誡之內容為何，則未有明文規定。由於告誡之內容，可能涉及被告誡人之自由權利限制，理應以法律規定，以免違反法律保留原則。

三、同一案件不得再為警告

　　其次，日本糾纏行為規制法第4條第2項規定：「警察局長等有一位已依前項規定為警告時，其他警察局長等對受該警告之人不得就該警告所指違反前條規定之行為再為警告。」此規定是為了避免同一纏擾行為受二個以上之警告處分。

---

[25] 最高行政法院106年度判字第582號判決。

　　我國跟騷法對於已有警察機關為告誡時，其他警察機關得否就同一行為再為告誡處分，並未規定。再者，本法第5條第1前段規定：「行為人經警察機關依前條第二項規定為書面告誡後二年內，再為跟蹤騷擾行為者，被害人得向法院聲請保護令。」如此，於有二個以上之警告處分存在時，所謂「告誡後二年內」，應如何計算即成為問題。因此，本條有必要參考上述日本糾纏行為規制法第4條第2項規定，於有警察機關已為告誡時，其他警察機關對同一跟蹤騷擾行為不得再為告誡。如此，一方面可避免同一行為受二個以上之警告處分，另一方面則可避免因為有二個以上之警告處分存在而使警告處分有效期間之計算變得不明確。

四、協助被害人之措施

　　其次，本條第2項後段規定必要時警察機關應採取其他保護被害人之適當措施。所謂其他保護被害人之適當措施究何所指，並無具體之規定。日本糾纏行為規制法第7條規定，警察局長等如有接到來自於跟蹤騷擾（ストーカー）行為之被害人所提出希望接受援助以防止自己被該跟蹤騷擾行為所害之請求時，如認為該請求適當，應教示該被害人如何採取防止被該跟蹤騷擾行為等所害之措施，以及國家公安委員會規則所規定之其他必要協助。於提供上述協助時，應努力與有關行政機關或有關公私團體取得密切合作，並應努力採取措施以防止跟蹤騷擾行為等有關之損害，可供我國實務運作之參考。

　　其中國家公安委員會規則所規定之其他必要協助，依日本糾纏行為規制法施行規則第15條規定包括下列之協助：

　　(一)為了可以與報案人所指涉之跟蹤騷擾行為人順利進行談判（以下簡稱「防止被害談判」），以防止該報案人受到與該跟蹤騷擾行為等有關之損害發生，而為必要事項之聯絡。

　　(二)提供報案人所指涉跟蹤騷擾行為人之姓名、地址及其他聯繫信息。

　　(三) 就有關進行防止被害談判時之心理準備、談判方法和其他與防止被害談判有關之事項提供建議。

　　(四) 如有民間團體或其他組織在從事跟蹤騷擾等相關被害之防止活動，介紹該團體或組織。

　　(五) 提供警察設施作為進行防止被害談判之場所。

　　(六) 教導或出借防制犯罪之蜂鳴器或其他有助於防止跟蹤騷擾行為等相關被害之物品。

　　(七) 關於報案所指涉之跟蹤騷擾行為等，提供清楚說明已實施警告、禁止命令等或延長禁止命令等有效期間之處分的文書。

　　(八) 其他為了防止自己受到報案所指涉之跟蹤騷擾行為等之侵害提供認為適當之協助。

 解說

一、告誡之調查程序

　　本條第1項規定：「警察機關受理跟蹤騷擾行為案件，應即開始調查、製作書面紀錄，並告知被害人得行使之權利及服務措施。」一方面表明警察機關為受理、調查跟蹤騷擾行為案件之主體。另一方面，指示警察機關受理跟蹤騷擾行為案件應辦理之事項。

　　由於跟蹤騷擾行為依本法第18條之規定，屬於犯罪行為，因此，警察受理跟蹤騷擾行為之案件後，即應開始調查。所謂受理跟蹤騷擾行為之案件，係指受理報案，而報案人所指陳者係涉及跟蹤騷擾行為之案件而言。至於客觀上是否果真有跟蹤騷擾行為之事實存在，則須於調查後始能發現真實之情況。

　　於調查中，如有詢問行為人，自應依刑事訴訟法有關訊問程序之規定行之。包括於人別詢問確認詢問對象無誤之後，應先告知：(一)犯罪嫌疑及所犯罪名；(二)得保持緘默，無須違背自己之意思而為陳述；(三)得選任辯護人；(四)得請求調查有利之證據（刑事訴訟法第95條第

1項）。並應給以辯明犯罪嫌疑之機會，如有辯明，則應命就其始末連續陳述，如陳述有利於己之事實，則應命其指出證明之方法（刑事訴訟法第96條）。詢問時，應出以懇切之態度，不得用強暴、脅迫、利誘、詐欺、疲勞訊問或其他不正之方法（刑事訴訟法第98條）。對於犯罪之自白及其他不利之陳述，應與其所陳述有利之事實與指出證明之方法，一併於筆錄內記載明確（刑事訴訟法第100條）。

　　詢問過程中，應全程連續錄音；必要時，並應全程連續錄影（刑事訴訟法第100條之1第1項）。此外，除有例外之情形外，不得於夜間詢問。所謂例外情形，包括：(一)經受詢問人明示同意；(二)於夜間經拘提或逮捕到場而查驗其人有無錯誤；(三)經檢察官或法官許可；(四)有急迫之情形（刑事訴訟法第100條之3）。

　　警察受理跟蹤騷擾行為案件之後，除了依上述刑事訴訟法規定之程序進行調查及製作書面紀錄之外，並應向被害人告知其得行使之權利及服務措施。被害人得行使之權利，包括得請求核發書面告誡予行為人、對於警察機關不核發書面告誡得表示異議等（本條第2、3項）。

　　所謂被害人，包括本法第3條第1項所稱之被跟蹤騷擾之特定人及同條第2項所列舉之被跟蹤騷擾之特定人的配偶、直系血親、同居親屬或與該特定人社會生活關係密切之人。

二、警察調查後之決定

　　案件經警察調查後如認為有跟蹤騷擾行為之犯罪嫌疑者，應本於職權或依被害人之請求核發書面告誡予行為人，並應移送檢察官；如認為無跟蹤騷擾行為之事實存在，或其行為不構成跟蹤騷擾之犯罪嫌疑，即無告誡之合理根據，自不應核發書面告誡。惟依立法說明，本條所謂之犯罪嫌疑，係指初始嫌疑，即非單純臆測而有該犯罪可能者，無須達到司法警察（官）移送檢察官或檢察官提起公訴之程度。

　　關於這一點，於未經法院審判之前，由屬於行政機關之警察機關對於可疑為犯罪之事件逕予處罰（核發書面告誡），是否違背無罪推定原則，不無討論之必要。相關之討論，請參閱爭議問題二。

三、書面告誡之救濟程序

　　行為人對於警察機關核發書面告誡不服時，得於收受書面告誡後10日內，經原警察機關向其上級警察機關表示異議。另一方面，被害人對於警察機關不核發書面告誡不服時，得於收受不核發書面告誡之通知後10日內，經原警察機關向其上級警察機關表示異議。

　　原警察機關認為異議有理由者，應立即更正之；認為無理由者，應於5日內加具書面理由送上級警察機關決定。上級警察機關認為有理由者，應立即更正之；認為無理由者，應予維持。對於上級警察機關之決定，不得再聲明不服。這樣的規定，其合憲性，恐有疑慮，相關討論，請參閱爭議問題三。

四、警察之協助措施

　　除了告誡及移送檢察官之外，必要時，並應採取其他保護被害人之適當措施。例如：出借或教導其使用防制犯罪之蜂鳴器或其他有助於防止被害之物品、向被害人引介有在從事跟蹤騷擾等相關被害之防止活動的團體或組織、與跟蹤騷擾行為人取得必要之聯絡以促使順利進行得以避免進一步損害發生之談判或提供跟蹤騷擾行為人之姓名、地址及其他聯繫信息、提供警察設施作為進行防止被害談判之場所、就有關進行防止被害之談判時的心理準備、談判方法和其他與談判有關之事項提供建議等。前述日本之相關規定可供參考（請參閱相關法條四、協助被害人之措施）。

一、告誡的法律性質為何？是行政處分、事實行為、保護令的前置程序行為，還是刑事偵查中的任意處分？

在立法的過程中，有認為告誡是行政處分，是屬於不利處分的一種型態。有將書面告誡，界定為一種觀念通知、一種事實行為，而不是行政處分。有認為書面告誡只是申請保護令的前置程序行為，不是行政處分，理由是書面告誡是希望能夠產生嚇阻作用，並沒有直接產生權利義務之變動，沒有直接造成被處分人的權利義務受限制，如果把書面告誡定義成行政處分，被處分人就可以經由行政救濟請求撤銷告誡，所以不要將告誡定性為行政處分。有認為書面告誡是刑事偵查中的一種任意處分。最後，在完成三讀程序之立法說明中則謂「『書面告誡』性質屬刑事調查程序中之任意處分」，亦即將其定性是刑事程序上之行為。

首先，書面告誡是否為任意處分，不無疑問。因為書面告誡實質上具有禁止相對人再為跟蹤騷擾行為之效力，為一種禁止處分、一種限制行動自由之處分，對受處分人具有心理上及法律上之強制作用。質言之，相對人負有遵守此禁止處分之義務，如有違反，將會發生後續簽發保護令之要件效力。如此，將其定性為任意處分，顯然與事實不符。

其次，就效力而言，告誡之效力在於發生禁止行為人再反覆為跟蹤騷擾行為，這樣的效力顯然是實體上之效力，而非刑事程序上之效力。即使就告誡作為核發民事保護令的條件之一而言，雖或可認為也有程序上之效力，但此程序上之效力並非有助於實現刑罰權或有助於發現真實之刑事程序上之效力，與其將此書面告誡認為是「刑事程序」上之行為，不如說是「民事（保護令）程序」上之行為。

第三，就告誡之主體言，依本條之規定得為告誡者為警察機關，並非司法警察官或司法警察。警察機關為行政機關，並非刑事訴訟法上之司法警察官或司法警察。作為犯罪偵查之輔助者是司法警察官或司法警察，不是警察機關，不可混淆。如此，司法警察官或司法警察所做的行

為，才有可能是刑事程序上的行為，警察機關既然不是刑事訴訟上的司法警察官或司法警察，則其所做的告誡處分，就不會是刑事程序上的行為。將警察機關所為之書面告誡理解為刑事調查程序中之任意處分，顯然沒有根據。

事實上，依行政程序法第92條第1項之規定，行政處分是指行政機關就公法上具體事件所為之決定或其他公權力措施而對外直接發生法律效果之單方行政行為。書面告誡是一種禁止行為人再為跟蹤騷擾行為的下命處分，事實上已經對相對人發生了一個禁止其再為跟蹤騷擾行為之效力，也就是已經直接對外發生法律效力，如果再為跟蹤騷擾行為，就會構成後續法院簽發保護令的條件之一。而做成此下命處分者，是警察機關，是行政機關。因此，應將警察機關所為之書面告誡認為是一個行政處分才合理。

至於為了剝奪受告誡人請求撤銷告誡的救濟機會，而否定告誡具有行政處分的性質，這種想法顯然無邏輯可言，亦不可取。

二、對於涉嫌犯罪之案件，於未經法院審判之前，先由屬於行政機關之警察機關對於可疑為犯罪之事件逕予處罰，即核發書面告誡，是否違背無罪推定原則？

在立法上，對於犯罪事件，理應依刑事程序進行調查、審判、處罰，而不應依行政程序。亦即案件經調查有跟蹤騷擾行為之「犯罪嫌疑」者，理應循刑事程序，由犯罪偵查機關調查追訴，並由法院審問處罰，始符合憲法第8條第1項「非由法院依法定程序，不得審問處罰」之規定。

本條第2項規定：「案件經調查有……『犯罪嫌疑』者，『警察機關』應……核發書面『告誡』予行為人。」一方面，所謂告誡，係指警告行為人不得再為該跟蹤騷擾行為而言。此書面告誡為禁止命令，具有限制特定人行動自由之效力，其對受處分人具有心理上及法律上之強制作用。相對人負有遵守此禁止處分之義務，如有違反，將會發生後續法

院簽發保護令之要件效力，而不得不認為是一種不利的處分，因此，此種書面告誡應認為是對其先前之「犯罪嫌疑」行為（即跟蹤騷擾行為）的一種處罰或不利處分，這種處罰或不利處分是對尚未經法院判決確定為犯罪行為的一種處罰，因此有悖無罪推定原則之疑慮。

　　另一方面，警察機關既不是司法機關，更不是法院，對於犯罪行為由警察機關在未經法院審判之前，先為書面告誡處分，亦即由行政機關以行政處分來對犯罪行為進行處罰，這與憲法規定應由法院審問處罰者不符，也與刑事訴訟法第1條第1項：「犯罪，非依本法或其他法律所定之『訴訟程序』，不得追訴、處罰。」之規定相衝突。

三、本條第5項規定「行為人或被害人對上級警察機關之決定，不得再聲明不服」，此規定是否違憲？

　　如前所述，警察機關之書面告誡理應認為是行政處分，故本文認為，對告誡處分不服者，理應得依一般之行政爭訟程序尋求救濟。

　　本條關於權利救濟特別規定為向上級警察機關表示異議，理應優先適用。然而本條又規定對於上級警察機關有關異議之決定，不得再聲明不服。未提供當事人向司法機關請求救濟之途徑，使當事人對行政機關之處分不服時，無法請求司法救濟。

　　另一方面，縱然「書面告誡」性質果真如立法說明，屬刑事調查程序中之處分，則對此處分如有不服者，也理應可以循刑事程序獲得司法救濟才對。然而，本法乃至於包括刑事訴訟法在內之刑事程序相關法律規定，並無提供可以對此告誡處分尋求刑事司法救濟之途徑。

　　再者，告誡可否循民事保護令的程序救濟？法院審查民事保護令時必須審查其要件，告誡作為核發民事保護令的要件之一，自應以有合法告誡為前提。因此，當事人理應可以於法院審查核發民事保護令時主張書面告誡的合法性問題，如果書面告誡的合法性有問題，自然會影響民事保護令的核發，也會對書面告誡的合法性一併於法院審查。不過，書面告誡如果認為是行政處分，則因為此處分之合法性與否，是民事法院

是否核發民事保護令的前提條件，因此，如果書面告誡之合法性問題正在行政訴訟審理中，民事法院理應可以裁定停止審判，等待行政法院做出書面告誡合法與否的確定判決之後，再繼續審判才對。否則民事法院就必須自行審查書面告誡的合法性問題。然而，依本條第5項之規定，行為人對於核發書面告誡的合法性問題只能向上級警察機關提出異議，對上級警察機關之異議決定，不能再表示不服。換言之，行為人對於核發書面告誡的合法性問題既不能向行政法院請求救濟，也沒有可以單獨向民事保護令之管轄法院請求救濟的途徑，只能於被害人或檢察官、警察機關聲請民事保護令時，被動的請求法院一併審查書面告誡的合法性問題。如果被害人或檢察官、警察機關沒有聲請民事保護令，行為人對於其所受的書面告誡就沒有司法救濟的途徑。這樣對於行為人的權利保障顯然不夠周全，而有商榷的餘地。以上是行為人對於核發書面告誡，認為其不合法時的救濟問題。

對於警察機關不核發書面告誡，因為被害人聲請民事保護令時，必須行為人有被核發書面告誡，才具備核發民事保護令的要件，當行為人沒有被核發書面告誡時，法院只能駁回民事保護令之聲請。因此，對於警察機關不核發書面告誡，被害人如果認為不合法，理應可以單獨對不核發書面告誡聲明不服，以利將來聲請民事保護令，而依本條第5項的規定，被害人只能向警察上級機關異議，對上級警察機關之異議決定，不得再表示不服。亦即，並沒有提供被害人可以對不核發書面告誡向法院請求救濟的途徑，而有違憲之虞。

總之，本條第5項規定行為人或被害人對於上級警察機關所為對異議不服之決定不得再聲明不服的規定，阻斷了當事人請求司法救濟之途徑，不但明顯侵害憲法所保障當事人之訴訟權，且與司法機關為認定合法與否的最終機關相違背，而違反權力分立原則。

第5條（聲請保護令之要件）

行為人經警察機關依前條第二項規定為書面告誡後二年內，再為跟蹤騷擾行為者，被害人得向法院聲請保護令；被害人為未成年人、身心障礙者或因故難以委任代理人者，其配偶、法定代理人、三親等內之血親或姻親，得為其向法院聲請之。

檢察官或警察機關得依職權向法院聲請保護令。

保護令之聲請、撤銷、變更、延長及抗告，均免徵裁判費，並準用民事訴訟法第七十七條之二十三第四項規定。

家庭暴力防治法所定家庭成員間、現有或曾有親密關係之未同居伴侶間之跟蹤騷擾行為，應依家庭暴力防治法規定聲請民事保護令，不適用本法關於保護令之規定。

壹 立法理由

　　為落實保障被害人權益及其人身安全，立法者參考家庭暴力防治法第10條之規定，於本條第1項前段規定：「行為人經警察機關依前條第二項規定為書面告誡後二年內，再為跟蹤騷擾行為者，被害人得向法院聲請保護令。」又因保護令係基於保護被害人而定，具公益性質，乃參考家庭暴力防治法第10條之規定，於第3項定明免徵裁判費及相關訴訟費用。

　　此外，「家庭成員」或「現有或曾有親密關係之未同居伴侶」間之跟蹤騷擾，因已有家庭暴力防治法之相關規定，故本條規定於此類人員間，不適用本法有關聲請保護令之規定。

貳 相關法條

　　與本條有關之外國立法例，可參考德國暴力防範法第1條有關跟蹤

騷擾之保護令規定及日本糾纏行為規制法第5條之禁止命令規定，以下分別介紹之：

一、德國「暴力防範法」有關跟蹤騷擾之保護令

　　德國「暴力防範法」，其性質類似於我國的家庭暴力防治法，是為了要保護家庭成員或有親密關係的伴侶之間，不要受到「關係暴力」之侵害。但後來將保護的對象擴大到「任何人」，亦即任何人對於所遭受的暴力行為、受威脅之行為、侵入住宅之行為或跟蹤行為，均可向法院聲請民事保護令，不是只有家庭成員才可以聲請民事保護令。[26]因此，也有與我國跟蹤騷擾防治法部分相類似的地方。

　　該法第1條規定：「故意對他人之身體、健康或自由違法加以侵害，被害人得向法院聲請採取避免進一步受侵害之必要措施。法院所為之命令應該有期限，該期限得延長。法院可命令行為人不得為如下行為：1.進入被害人住所。2.接近被害人之住所周圍一定距離。3.拜訪被害人經常會停留之特定場所。4.與被害人聯絡，包含使用遠距電子通訊設備之方式聯絡。5.引誘被害人與其見面（第1項）。前項規定亦適用於如下兩種情形：1.對他人以加害生命、身體、健康或自由為不法之脅迫。2.故意對他人為下列違法行為：(a)侵入他人住所或其得以安寧之所在。(b)違反他人明示的意願，以反覆跟追或利用遠距電子通訊工具糾纏之方式對他人進行不可期待的干擾。但此等行為是為了維護他人利益者，不屬之（第2項）。第1項與第2項之情形，即使行為人在實行行為時，因為使用影響精神狀態之飲料或相類藥物，其精神狀態處於受疾病干擾障礙或精神障礙而有意思決定被排除之情形，法院仍得依聲請而核發命令（第3項）。」

　　由上述條文規定可知，德國之「暴力防範法」，是提供所有暴力行為之被害人可以向法院聲請民事保護令的法源依據，且任何暴力行為之

被害人均可以向法院提出聲請。此外，所謂「暴力行為」，而可以聲請民事保護令的行為態樣，包含以下四類行為：(一)被害人之身體、健康或自由已受到違法侵害之行為；(二)被害人之生命、身體、健康或自由遭受不法脅迫；(三)侵入住宅行為；(四)以反覆跟追或利用遠距電子通訊工具之方式對他人進行不可期待的干擾。

其中第四種情形，所指涉的就是跟蹤、騷擾、糾纏之行為。此種情形在適用上必須有所謂的「反覆」情形，始屬之；此外，加害人的跟蹤、騷擾行為，包含了身體概念的跟蹤，例如站崗、跟蹤；以及利用遠距電子通訊工具的跟蹤與騷擾，例如打電話、傳真、簡訊、電子郵件、網路。如果加害人有上述行為，被害人可以向法院聲請核發民事保護令。此種民事保護令主要是禁止加害人為下列行為：(一)進入被害人住所；(二)接近被害人之住所周圍一定距離；(三)拜訪被害人經常會停留之特定場所；(四)與被害人聯絡，包含使用遠距電子通訊設備之方式聯絡；(五)引誘被害人與其見面。此五項內容，法院於裁定時，可以視個案情形選擇數款禁止內容，以提供被害人足夠之保護[27]。

二、日本「糾纏行為規制法」第5條之禁止命令

(一)核發禁止命令之要件

日本「糾纏行為規制法」第5條規定：「都道府縣公安委員會於行為人有違反第3條規定之行為存在時，如認為為該行為之人有再反覆為該行為之虞時，得依其相對人之申請，或依職權，對為該行為之人，依國家公安委員會規則之規定，命為下列所揭示之事項：一、不得再反覆為該行為。二、為防止再反覆實施該行為之必要事項。」上述第3條規定：「任何人都不得為纏擾等或未經同意而擅自獲取位置資訊等使對方對於自己的人身安全、住居等的安穩、名譽受損，或行動自由受到嚴重

27　王皇玉，跟蹤糾纏行為之處罰：以德國法制為中心，台大法學論叢，第47卷第4期，2018年12月，頁2367。

妨害等感到不安的行為。」

依上述規定可知，行為人有為纏擾等或未經同意而擅自獲取位置資訊等使對方對於自己的人身安全、住居安寧、名譽，或行動自由受到嚴重妨害等感到不安的行為時，都道府縣公安委員會認為為該行為之人有再反覆為該行為之虞時，即得依其相對人之申請或依職權，對該行為人發出命為下列事項之命令：1.不得再反覆為該行為；2.為防止其再反覆實施該行為所必要之事項。此即所謂之「禁止命令」等，其內容類似於我國跟蹤騷擾防治法第12條第1項所規定之「保護令」，只是我國做了更具體細節性的規定。

上述所謂「纏擾等行為」，依該法第2條第1項之規定，係指為了滿足對某特定人之愛意或其他喜愛之情感，或因為這些喜愛的情感不能獲得滿足所生怨恨的情緒，基於這樣的目的，而對該特定人或其配偶、直系親屬或同財共居的親屬，或其他與該特定人在社會生活上有密切關係的人，為下列各款所揭示行為之一者而言：

1.跟隨糾纏、埋伏、阻擋去路、在住所、工作場所、學校或其他目前所在或通常所在的場所（以下簡稱「住居所等」）附近盯梢、擅入住居所等、或在住居所等之附近徘徊。

2.告知其諸如自己正在監視其行動等情事，或將這些情事置於可以使其得知的狀態。

3.要求會面、交往或行其他無義務之事。

4.為非常粗野或為粗暴之言行。

5.打電話之後不發一語，或雖被拒絕了卻仍然繼續打電括、寄送書信、使用傳真機發送訊息、或發送電子郵件等。

6.寄送穢物、動物屍體或其他極具攻擊性或令人作嘔的物品，或將其置於可被知悉的狀態。

7.告知足以毀損其名譽之事，或將其置於可被知悉之狀態。

8.告知使人感到性羞恥之事或置於可得知悉的狀態，或者發送使人感到性羞恥之文書、圖畫、電磁紀錄（係指以電子方式、電磁方式或其他人類知覺所無法認識的方式所製作的紀錄，而係供電子計算機處理資

訊之用的紀錄而言）。相關之媒體或其他物品或置於可得知悉的狀態，或者傳送會使人感到性羞恥之電磁紀錄或其他紀錄或置於可得知悉的狀態。

由上述規定可知，行為人有為該法第2條第1項所規定之纏擾行為等，使對方對於自己的人身安全、住居安寧、名譽，或行動自由受到嚴重妨害等感到不安的行為時，公安委員會認為行為人有再反覆為該行為之虞時，即得對該行為人發出禁止命令等。

於此須注意者，是該法第2條第1項所規定之纏擾行為與同條第4項所規定的「跟蹤騷擾行為」不同，後者係指對同一人反覆為纏擾[28]或反覆地為未經同意的取得其位置資訊而言，此種「跟蹤騷擾行為」是被當作犯罪行為而應科處刑罰（同法第18條），而前者則只是當作得予警告、禁止命令等行政措施之行為[29]。

(二) 簽發「禁止命令」之程序

關於簽發「禁止命令」之程序，公安委員會於簽發上述「禁止命令」時，應進行聽證程序（第5條第2項）。如認為為了緊急防止違反第3條規定行為之相對人的人身安全、住居安寧、名譽等受到損害，或行動自由受到重大影響而有必要時，得未進行聽證或未給予辯解之機會，逕依該相對人之申請，簽發禁止命令。於此情形，發出該禁止命令之公安委員會應在禁止命令等發出之日起15日內進行意見之聽取（第5條第3項）。

公安委員會發出禁止命令時，應立即將該禁止命令之內容和日期及時間通知提出該請求之人（第5條第6項）。禁止命令之效力，自發出禁止命令之日起算一年內有效（第5條第8項）。一年之有效期間經過

---

[28] 其中關於第2條第1項第1款至第5款（其中第5款僅限於發送電子郵件相關的部分）所揭示之行為，僅限於以讓人感覺人身安全、住居等的安穩平靜或名譽等會被侵害，或以讓人感覺行動自由很顯著地被侵害等這種讓人感到不安的方法來施行之情形。

[29] 檜垣重臣，ストーカー行為等の規制等に関する法律について，警察學論集，第53卷第7號，2000年，頁88。

後，如認為有繼續為該禁止命令之必要時，得依該禁止命令所指涉違反第3條規定行為之相對人的請求，或依職權，將該禁止命令之有效期間延長一年。於該延長之期間經過後，有再延長之必要時，亦同（第5條第9項）。於受理申請後而不發出禁止命令時，亦應立即以書面將其要旨及理由通知提出該請求之人（第5條第7項）。一個公安委員會發出禁止命令後，其他公安委員會對於受該禁止命令之人，不得就該禁止命令所指之行為再發出禁止命令（第5條第5項）。

　　日本的此等程序上之規定，主要是因為此等禁止命令係由公安委員會所簽發，故應依循行政程序之相關規定。我國之民事保護令係由法院簽發，自應依司法程序行之，性質上有所不同。就這一點而言，反而與德國較為相近。

參　解說

　　本條第1項前段規定：「行為人經警察機關依前條第二項規定為書面告誡後二年內，再為跟蹤騷擾行為者，被害人得向法院聲請保護令。」此項規定表明：一、書面告誡之有效期間為二年；二、告誡之內容及違反告誡之法律效果：告誡之內容即禁止再為跟蹤騷擾行為，如違反此告誡，再為跟蹤騷擾行為，被害人即得向法院聲請保護令；三、聲請保護令之要件即：(一)經警察機關為書面告誡；(二)告誡後二年內再為跟蹤騷擾行為。故如未經警察機關為書面告誡，或經告誡後未再為跟蹤騷擾行為，或雖再為跟蹤騷擾行為但已逾告誡之有效期間，均無聲請保護令之餘地；四、保護令之聲請權人：為跟蹤騷擾行為之被害人，另依本項後段之規定，被害人為未成年人、身心障礙者或因故難以委任代理人者，其配偶、法定代理人、三親等內之血親或姻親，得為其向法院聲請之。此外，依本條第2項規定，檢察官或警察機關得依職權向法院聲請保護令。即縱使被害人或其配偶、法定代理人、三親等內之血親或姻親不能或未向法院聲請，檢察官或警察機關亦得基於公益逕依職權向

法院聲請保護令；五、保護令之管轄機關：爲地方法院，即普通法院之民事庭、家事法庭或少年及家事法院管轄。

　　由於保護令係基於保護被害人而定，具公益性質，故本條第3項規定保護令之聲請、撤銷、變更、延長及抗告，均免徵裁判費，並準用民事訴訟法第77條之23第4項「郵電送達費及法官、書記官、執達員、通譯於法院外爲訴訟行爲之食、宿、舟、車費，不另徵收」之規定。

　　此外，由於「家庭成員」或「現有或曾有親密關係之未同居伴侶」所爲之跟蹤騷擾行爲，亦爲家庭暴力行爲。家庭暴力防治法已針對家庭暴力之特性，就民事保護令之核發，以及違反保護令之效果等，有周全之規範。爲求對家庭暴力被害人保護之一致性，本條第5項就家庭暴力防治法所定家庭成員間或現有或曾有親密關係之未同居伴侶間所爲之跟蹤騷擾行爲，規定應依家庭暴力防治法規定聲請民事保護令（含緊急、暫時及通常民事保護令），不適用本法有關聲請保護令之規定。

肆 爭議問題

一、家庭暴力防治法之民事保護令與跟蹤騷擾防治法之民事保護令是否應分流？

　　在立法過程中，有提出質疑，如行爲人與被害人間是家庭暴力防治法所定家庭成員關係，或現有或曾有親密關係之未同居伴侶關係，則行爲人對被害人所爲之跟蹤騷擾行爲，一方面可依本法聲請民事保護令，另一方面可依家庭暴力防治法聲請民事保護令，而發生競合之情況，究應如何處理。

　　有認爲相較於跟蹤騷擾防治法，家庭暴力防治法所規定之家庭成員間具有特殊關係，所以在家庭暴力防治法中有較多針對家庭成員間對應的配套措施，依家庭暴力防治法之規定所得簽發之民事保護令，相對於依跟蹤騷擾防治法之規定所簽發之民事保護令，有較多且強度較高之保護措施，而且後面的程序也不同。跟蹤騷擾防治法之民事保護令則只是

禁止行為人再反覆為跟蹤騷擾並加強被害之保護措施而已。因此，主張家庭暴力防治法之民事保護令與跟蹤騷擾防治法之民事保護令應該分流。現行法本條第4項規定：「家庭暴力防治法所定家庭成員間、現有或曾有親密關係之未同居伴侶間之跟蹤騷擾行為，應依家庭暴力防治法規定聲請民事保護令，不適用本法關於保護令之規定。」即為了明確當二種保護令於有競合之情形時，應依家庭暴力防治法規定聲請民事保護令，不適用本法關於保護令之規定所為之規定。

二、跟蹤騷擾防治法是否應有緊急保護令之設置？

在立法過程中，有認為跟蹤騷擾防治法參探家庭暴力防治法的通常保護令，卻沒有採行家庭暴力防治法的緊急保護令的制度，對被害人之保護有欠周全。因為跟蹤騷擾防治法的跟蹤騷擾行為被害人和家庭暴力行為被害人皆有可能孤立無援，而處在一個急迫危險的情況之下，所以應與家庭暴力防治法一樣建置一個緊急保護令的制度，儘快給予被害人即時的權利保護。有認為家庭暴力防治法中家庭成員之間因為24小時隨時相處，所以有非常急迫的部分，而跟蹤騷擾防治法一般是第三者為跟蹤騷擾行為，行為人與被害人並沒有同住在一個屋簷下，而不是家庭成員間的跟蹤騷擾行為，兩者並不相同。現行法似乎是傾向後者，而未設置緊急保護令之制度。

第6條（保護令之聲請管轄權）

保護令之聲請，應以書狀為之，由被害人之住居所地、相對人之住居所地或跟蹤騷擾行為地或結果地之地方法院管轄。

法院為定管轄權，得調查被害人或相對人之住居所。經聲請人或被害人要求保密被害人之住居所者，法院應以秘密方式訊問，將該筆錄及相關資料密封，並禁止閱覽。

壹 立法理由

一、第1項定明聲請保護令應以書狀為之，以及聲請保護令之管轄法院。

二、為釐清管轄權，第2項規定法院得依職權調查被害人、相對人之住所或居所。又為避免被害人之住所及居所洩漏，爰參考家庭暴力防治法第12條第3項，併規定經聲請人或被害人要求，法院應以秘密方式訊問，將該筆錄及相關資料密封，並禁止閱覽。

三、本法所稱相對人，係指跟蹤騷擾行為人，併予說明。

貳 解說

　　跟騷法管轄法院自限於單一特定之法院，為保護聲請人之安全，擴張法院管轄權之範圍。

　　除被害人之住居所地外，這裡可以參考刑事訴訟法第5條土地管轄之規定，案件由「跟蹤騷擾行為地」或「跟蹤騷擾行為人」之住所、居所或所在地之法院管轄。

　　所稱「跟蹤騷擾行為地」：是指犯罪事實的全部或一部分之發生地而言。因此，一個犯罪行為可能發生在數法院（如行為地、中間地、結果地）管轄區域，而各地的法院均有管轄權。

　　所稱「跟蹤騷擾行為人」之住所、居所之法院管轄：指住、居所當依照民法第20條：「依一定事實，足認以久住之意思，住於一定之地域者，即為設定其住所於該地。一人同時不得有兩住所。」第21條：「無行為能力人及限制行為能力人，以其法定代理人之住所為住所。」第22條：「遇有下列情形之一，其居所視為住所：一、住所無可考者。二、在我國無住所者。但依法須依住所地法者，不在此限。」及第23條：「因特定行為選定居所者，關於其行為，視為住所。」等規定解釋。法院對管轄權之有無，應依職權調查。

　　本法制定後，將此類跟蹤、騷擾行為予以犯罪化，使得警方介入防制有了法源依據，本法與家庭暴力防治法都有期待避免被害人一再遭受糾纏之類似性，因此參考該法第12條第3項，經聲請人或被害人要求保密被害人之住居所者，法院應以秘密方式訊問。

第7條（保護令聲請書之記載事項）

前條聲請書應載明下列各款事項：
一、聲請人、被害人之姓名及住所或居所；聲請人為機關者，其名稱及公務所。
二、相對人之姓名、住所或居所及身分證明文件字號。
三、有法定代理人、代理人者，其姓名、住所或居所及法定代理人與當事人之關係。
四、聲請之意旨及其原因事實；聲請之意旨應包括聲請核發之具體措施。
五、供證明或釋明用之證據。
六、附屬文件及其件數。
七、法院。
八、年、月、日。
前項聲請書得不記載聲請人或被害人之住所及居所，僅記載其送達處所。
聲請人或其代理人應於聲請書內簽名；其不能簽名者，得使他人代書姓名，由聲請人或其代理人蓋章或按指印。

壹　立法理由

一、為識別裁判之對象、確定審理之方向及界限範圍，以利保護令事件程序之進行，爰參考家事事件法第75條第3項及非訟事件法第30條第1項，於第1項規定聲請書應記載之事項；第4款所定具體措施，指第12條第1項法院核發之各款保護令，併予說明。
二、為保護聲請人或被害人，於第2項規定保護令之聲請書得不記載住所及居所，僅記載送達處所。

三、爲求愼重及便利民眾聲請，參考非訟事件法第30條第2項規定，於
　　第3項規定聲請人或代理人應於聲請書內簽名及不能簽名時之處理
　　方式。

 解說

　　爲促進程序之進行，宜於聲請書狀中記載有利程序迅速進行之相關
事項，本條提示書狀宜記載之事項。其中第2款之身分證件號碼，如果
是中華民國國民，固然指國民身分證字號，如果是外國人，則可以填寫
護照號碼等足以辨識身分之證件文號。

第8條（聲請保護令之程式）

聲請保護令之程式或要件有欠缺者，法院應以裁定駁回之。但其情形可
以補正者，應定期間先命補正。

壹 立法理由

　　定明保護令聲請得裁定駁回之情形。惟考量案件聲請時效，避免聲
請人往返耗時，對於可補正者，應先命補正。

貳 解說

　　保護令之聲請係屬「**程序事項**」，法院以「**裁定**」作爲准駁的意思
表示，得不經過當事人的言詞辯論做出准駁決定。若對「**裁定**」不服，
得提出抗告。

第9條（命相對人陳述意見）

法院收受聲請書後，除得定期間命聲請人以書狀或於期日就特定事項詳為陳述外，應速將聲請書繕本送達於相對人，並限期命其陳述意見。

 **立法理由**

　　為期保護令事件審理之流暢、司法資源之合理運用，保障相對人能夠瞭解聲請人之主張意旨及證據資料，以利其防禦權之實施，並達儘速釐清爭點之目的，參考家事事件法第76條及非訟事件法第30條之2等規定，聲請人自應對於程序之進行負擔一定之協力義務，爰規定保護令事件程序之前階段原則採書面審理主義，法院於收受聲請人之聲請書後，如認其就紛爭有關之特定事項陳述未臻完備時，得定期命聲請人詳為陳述，並應儘速將聲請書繕本送達相對人，限期命為陳述意見，以免程序拖延。

相關法條

　　本條文係參考下列條文：
一、家事事件法第76條：「法院收受書狀或筆錄後，除得定期間命聲請人以書狀或於期日就特定事項詳為陳述外，應速送達書狀或筆錄繕本於前條第三項第二款及第三款之人，並限期命其陳述意見。」
二、非訟事件法第30條之2：「法院收受聲請書狀或筆錄後，得定期間命聲請人以書狀或於期日就特定事項詳為陳述；有相對人者，並得送達聲請書狀繕本或筆錄於相對人，限期命其陳述意見。」

參 解說

　　本條規定，採用非訟事件以及家事事件法中有關非訟事件之規定[30]，本文認為恐不當援用，因為非訟事件無須透過訴訟的進行及法官審理，只須以書面送審，其處分以獨任法官之裁定行之，但本法聲請保護令，法院必須經由審理程序，只是程序不公開而已，如本法第10條第1項所稱：「保護令案件之審理不公開。」而有別於一般之非訟事件，以書面審理為準。

　　本法之民事保護令之規定，既然參考家庭暴力防治法之規定，本文認為本條規定在於防範書面敘述不詳盡，才有進一步要求聲請人詳述書面資料之必要，既然本法第8條已經給予聲請人補正之機會，且第10條已有審理程序之規定，則第9條命相對人限期陳述意見之規定似屬多餘[31]。

第10條（保護令之審理）

保護令案件之審理不公開。

法院得依職權或依聲請調查事實及必要之證據，並得隔別訊問；必要時得依聲請或依職權於法庭外為之，或採有聲音及影像相互傳送之科技設備或其他適當隔離措施。

法院為調查事實，得命當事人或法定代理人親自到場。

法院認為當事人之聲明或陳述不明瞭或不完足者，得曉諭其敘明或補充之。

法院受理保護令之聲請後，應即行審理程序，不得以被害人、聲請人及相對人間有其他案件偵查或訴訟繫屬為由，延緩核發保護令。

因職務或業務知悉或持有被害人姓名、出生年月日、住居所及其他足資識別其身分之資料者，除法律另有規定外，應予保密。警察人員必要時

---

[30] 依家事事件法第3條第4項第13款民事保護令事件，屬非訟事件，但因有家庭暴力防治法之特別規定，有關聲請保護令，法院有進行審理之程序，似不應援用家事事件法第76條相關規定。

[31] 且依家庭暴力防治法第13條之規定，也僅包含本法第8條與第10條規定，並無第9條之規定，因此，本條規定似無必要。

應採取保護被害人之安全措施。

行政機關、司法機關所製作必須公示之文書,不得揭露被害人之姓名、出生年月日、住居所及其他足資識別被害人身分之資訊。

 立法理由

一、因保護令案件涉及人民一般社交或私生活領域,為保障當事人之隱私,爰於第1項定明是類事件不公開審理。

二、參考非訟事件法第32條第1項及家庭暴力防治法第13條第3項規定,於第2項定明法院就保護令案件得依職權或聲請調查事實及必要之證據,並得隔別訊問。

三、案件之調查,如能訊問當事人或法定代理人,將使事實易於彰顯,有助於法院作成判斷,爰於第3項定明法院為調查事實之必要,得命當事人或法定代理人親自到場。

四、為儘速釐清事實,並避免發生突襲性裁判,於當事人之聲明、事實上及法律上陳述有不明瞭或不完足情形,法院得曉諭其敘明或補充之,爰參考非訟事件法第32條第3項規定為第4項規定。

五、為使被害人保護更加周延,參考家庭暴力防治法第13條第8項規定,於第5項定明不得以當事人間有其他案件偵查或訴訟繫屬為由,延緩核發保護令之規定。

六、參酌性侵害犯罪防治法第12條規定,增訂第6項及第7項。

貳 解說

依法院組織法第86條:「訴訟之辯論及裁判之宣示,應公開法庭行之。但有妨害國家安全、公共秩序或善良風俗之虞時,法院得決定不予公開。」此乃公開審判原則,是以原則上法院審理案件時,本於司法

權審判公正，向人民公開審判案件之進行。其目的在於強化社會大眾對司法之公信力；但少數特殊案件為保護犯罪被害人之名譽及隱私，審判以不公開為原則，得秘密審理。本法之被害人多不欲為人知，故審理得不公開之。

此類案件，被害人與加害人之間，多數不願意再面對面，故必要時得允許隔別訊問。此類犯罪被害人遭受騷擾後，身心通常均受嚴重影響，以致面對被告時，可能懼怕而無法完整陳述事實經過；另因應日前科技設備之多元化，有關法庭外之訊問或詰問方式，並不限於雙向視訊系統，舉凡利用聲音、影像傳送之科技設備均得為之。

此類案件，有時案情晦暗不明，如能當面訊問當事人或法定代理人，將使事實易於彰顯，有助於法院作成判斷，故於必要時得命當事人或法定代理人親自到場。

為儘速妥當處理當事人之案情，法院應善盡闡明義務，但當事人並不一定了解法律，不知如何主張，故於當事人之聲明、事實上及法律上陳述有不明瞭或不完足情形，法院得曉諭其敘明或補充之，使當事人能適時說明案發事實及法律上的陳述，避免對當事人發生突襲性裁判。

第11條（續行及承受程序）

被害人以外之聲請人因死亡、喪失資格或其他事由致不能續行程序者，其他有聲請權人得於該事由發生時起十日內聲明承受程序；法院亦得依職權通知承受程序。

前項情形雖無人承受程序，法院認為必要時，應續行之。

被害人或相對人於裁定確定前死亡者，關於本案視為程序終結。

壹 立法理由

本法之糾纏（stalking）屬於發生惡害結果之前置階段，亦即具有惡害結果發生前或形成前「門檻理論」之適用；白話言之，惡害結果發

生前或形成前可能會跨越本法第3條所列之跟蹤騷擾實行行為，也就是或許在眞正惡害結果發生前或形成前之前奏曲，基於預防概念，故而有保護令之設計，並由本法第6條、第7條之立法設計，保護令之聲請，不僅侷限於被害人，故而本條設計被害人「以外」之聲請人因死亡、喪失資格或其他事由致不能續行程序者，其他有聲請權人得於10日內聲明承受程序、無人承受程序時，法院續行程序原則，及本法當事人主體同時存在原則，倘其中一造死亡，擬制程序終結。

相關法條

一、家事事件法第80條第1項：「聲請人因死亡、喪失資格或其他事由致不能續行程序者，其他有聲請權人得於該事由發生時起十日內聲明承受程序；法院亦得依職權通知承受程序。」

二、非訟事件法第35條之2第1項：「聲請人因死亡、喪失資格或其他事由致不能續行程序，而無依法令得續行程序之人，其他有聲請權人得於該事由發生時起十日內聲明承受程序；法院亦得依職權通知於一定期間內聲明承受程序。」

三、家事事件法第59條：「離婚之訴，夫或妻於判決確定前死亡者，關於本案視為訴訟終結；夫或妻提起撤銷婚姻之訴者，亦同。」

參 解說

一、針對立法理由說明

(一) 為求程序之經濟及便利，被害人以外之聲請人因死亡、喪失資格或其他事由致不能續行程序時，應許其他有聲請權人得聲明承受程序，爰參考家事事件法第80條第1項及非訟事件法第35條之2第1項等規定為本條第1項規定，而家事事件法與非訟事件法之法體例最大之差別則在於後段之法院職權通知承受程

序，前者僅規定法院「得依職權通知承受程序」；而後者則規
定法院「得依職權通知『於一定期間內』聲明承受程序」，由
此可知本條第1項立法程式，係以家事事件法第80條第1項體
例為主，俾以利用同一保護令事件程序續為處理；又為免程序
延宕，法院亦得依職權通知其承受程序。另第1項後段未採非
訟事件法第35條之2「『於一定期間內』聲明承受程序」體例
乙節，參照非訟事件法第35條之2第1項之立法理由亦肯認該
條內文所指之「一定期間」，而該期限長短，核屬法院程序指
揮權之範圍，故從本條第1項後段之立法理由說明，法院依職
權通知承受之期限「屬法官權限之範圍」之精神核屬一致，賦
予法官獨立審判之彈性裁量空間，以符個別化實需。

(二) 保護令事件，為避免相關得承受程序之人礙於承受該程序之壓
力，或有畏懼相對人之情形，如已無法令所定聲請權人向法院
聲明承受程序，法院認為必要時，應續行程序，除賦予法官視
個案而予自由心證空間外，另為充分保障被害人之權益，爰設
第2項。

(三) 為避免無聲請利益之保護令審理程序繼續進行，考量保護當事
人客體之一造即被害人，及被預防主體之當事人一造即相對
人，於保護令裁定「確定前」而死亡，顯無法益保護之必要性
及預防之迫切性，故賦予法院終結該程序之依據，爰參考家事
事件法第59條前段，而有本條第3項之設計，進行程序上之處
理。

二、有關本條第3項可否抗告救濟乙節，茲有肯定說及否定說

(一) 肯定說：依本法第15條第2項之規定，關於保護令之裁定，除
有特別規定者外，得為抗告，且依憲法第16條之規定，保障人
民訴訟之權利，故即使程序終結，但對於終結前之尚未確定之
裁定，估不論是否具有實益，於法理上仍有提起抗告之權利。

(二) 否定說：本法第15條第1項規定，保護令之程序，除本法別有
　　　規定外，準用非訟事件法有關規定。由「準用」乙詞，而非
　　　「適用」以觀，足知應為程序準用，復參照非訟事件法第41
　　　條第1項之規定，因裁定而權利受侵害者，得為抗告之反面解
　　　釋，若因裁定而未使權利受到侵害情形下，則不得抗告，且按
　　　體例解釋，本法第15條第1項應優先於第2項使用。又參照上
　　　揭本條第3項立法理由與本法第15條第1項、非訟事件法第41
　　　條第1項之精神相契合，故從法之目的性、利益衡量及價值判
　　　斷，被害人或相對人其中一造實質死亡時，已無法益保護之必
　　　要性及預防之迫切性，故無設計抗告救濟之必要。本文亦傾向
　　　此說見解，認為否定說不無理由。

第12條（聲請或職權核發保護令之執行內容）

法院於審理終結後，認有跟蹤騷擾行為之事實且有必要者，應依聲請或
依職權核發包括下列一款或數款之保護令：
一、禁止相對人為第三條第一項各款行為之一，並得命相對人遠離特定
　　場所一定距離。
二、禁止相對人查閱被害人戶籍資料。
三、命相對人完成治療性處遇計畫。
四、其他為防止相對人再為跟蹤騷擾行為之必要措施。
相對人治療性處遇計畫相關規範，由中央衛生主管機關定之。
保護令得不記載聲請人之住所、居所及其他聯絡資訊。

壹　立法理由

　　保護令之核發，按本法第5條之規定，係採即時制約前置主義。即
行為人經警察書面告誡及知悉違反被害人意願後二年內，再為跟蹤騷擾
者，被害人及其聲請權人得聲請保護令，檢察官或警察機關亦得依職權

向法院聲請保護令。且保護令最重要之功能在於遏止反覆且持續性高、危險性高、恐懼性高及傷害性高等四高特性之糾纏行為態樣[32]，故立法理由於第1項定明法院審理保護令聲請案件，認有必要者，應核發包括一款或數款之保護令，授權法院視情況決定核發各種類型之保護令，不受聲請之限制，另於第2項定明由中央衛生主管機關制定相對人治療性處遇計畫相關規範，及為避免相對人藉由保護令記載事項獲知聲請人或被害人之住所、居所及其他聯絡資訊，進而繼續跟蹤騷擾或衍生其他不法侵害，爰於第3項定明法院得不記載相關之個人資訊。

貳 相關法條

一、參照家庭暴力防治法第9條：「民事保護令（以下簡稱保護令）分為通常保護令、暫時保護令及緊急保護令。」

二、家庭暴力防治法保護令種類中之緊急性暫時保護令，係於2007年修法所新增，為區分與一般性暫時保護令之不同，緊急性暫時保護令僅得由檢察官、警察機關或直轄市、縣（市）主管機關聲請，與非被害人所得為之，爰將緊急性暫時保護令，獨立一類另稱為緊急保護令。本法之保護令種類，「未參照」家庭暴力防治法第9條，將保護令如此區分，且由於跟騷行為已直接採取犯罪化模式，與家庭暴力防治法係民事保護令之本質不同，故保護令之設計與家庭暴力防治法迥異，且基於法律競合，本法保護令之聲請，以不能聲請家庭暴力防治法之保護令為限[33]；惟對於保護令之功能，依本法第3條第1項所列各款之行為，除區分為八種禁制態樣外，內容尚可包含特定場所接近之禁止、住居所戶籍查閱之禁止、命行為人接受醫療處遇及其他防止再犯之必要措施。

---

[32]　許福生，跟蹤騷擾防制法爭點之評析，警政論叢，第21期，2021年12月，頁18。
[33]　許福生，跟蹤騷擾防制法爭點之評析，警政論叢，第21期，2021年12月，頁23。

參 解說

　　法院審查保護令之核發，須具備原因事實及必要性等二條件並存；然而，必要性無法先於原因事實而存在，故倘有原因事實而無必要性之條件時，亦無法核發，說明如下。

一、本條第1項第1款保護令規制項目不以一種類為限，依本法第3條第1項所列各款之行為，刑事保護令規範之八種禁止跟騷之態樣，均得附加特定場所接近之禁止：

　　(一) 禁止行為人以人員、車輛、工具、設備、電子通訊或其他方法，實行監視、觀察、跟蹤或知悉特定人行蹤。

　　(二) 禁止行為人以盯梢、守候、尾隨或其他類似方式接近特定人之住所、居所、學校、工作場所、經常出入或活動之場所。

　　(三) 禁止行為人對特定人為警告、威脅、嘲弄、辱罵、歧視、仇恨、貶抑或其他相類之言語或動作。

　　(四) 禁止行為人以電話、傳真、電子通訊、網際網路或其他設備，對特定人進行干擾。

　　(五) 禁止行為人對特定人要求約會、聯絡或為其他追求行為。

　　(六) 禁止行為人對特定人寄送、留置、展示或播送文字、圖畫、聲音、影像或其他物品。

　　(七) 禁止行為人向特定人告知或出示有害其名譽之訊息或物品。

　　(八) 禁止行為人濫用特定人資料或未經其同意，訂購貨品或服務。

二、本條第1項第2款，基於人身保護令之特色，同時為避免行為人在實行上揭第1款騷擾行為前，所能獲得之住所戶籍資訊，本款亦得經當事人聲請或法院依職權禁止行為人查閱被害人戶籍資料等隱私，同時也配套本條第3項，法院保護令亦採相對禁止原則，得不記載聲請人之住所、居所及其他聯絡資訊，以妥慎保護被害人人身安全。

三、考量跟蹤騷擾行為被強調是一種針對特定個人而為之「病態」的、

不尋常的，且長時間或反覆的干擾行爲[34]，且觀察立法之初，立法院第10屆第1會期各委員議案關係文書中，大多聚焦於被害人身心醫療作爲，而忽略行爲人有一定比例具有高度幻想或心理疾病，亦需要耗費社會成本接受醫療處遇（包含心理諮商、身心輔導教育或實質醫療作爲），故而制定本條第1項第3款，亦得經當事人聲請或法院職權命行爲人接受並完成治療性處遇計畫，同時配合本條第2項，有關行爲人治療性處遇計畫之相關規範，透過法律授權，由中央衛生主管機關即衛生福利部，依行政程序法第150條以法規命令訂定之，以預防及減少再犯情形。

四、爲預防再犯，且呼應學理上對於跟騷行爲，被定義係屬於長時間或反覆的干擾行爲，故本條第1項第4款對於行爲人「再」爲跟蹤騷擾行爲之禁止，採取積極防止作爲之設計，以概括立法防止行爲人再爲跟蹤騷擾行爲之必要措施，例如利用電子監控（Electronic Monitoring System, EMS）。

第13條（保護令期間及其延長）

保護令有效期間最長爲二年，自核發時起生效。

保護令有效期間屆滿前，法院得依被害人或第五條第一項後段規定聲請權人之聲請或依職權撤銷、變更或延長之；保護令有效期間之延長，每次不得超過二年。

檢察官或警察機關得爲前項延長保護令之聲請。

被害人或第五條第一項後段規定聲請權人聲請變更或延長保護令，於法院裁定前，原保護令不失其效力。檢察官及警察機關依前項規定聲請延長保護令，亦同。

法院受理延長保護令之聲請後，應即時通知被害人、聲請人、相對人、檢察官及警察機關。

---

[34] 王皇玉，跟蹤糾纏行爲之處罰：以德國法制爲中心，台大法學論叢，第47卷第4期，2018年12月，頁2347。

 立法理由

一、係參考家庭暴力防治法第15條規定，於第1項規定保護令有效期間及生效時點。

二、第2項規定於保護令有效期間屆滿前，被害人或相關聲請權人聲請撤銷、變更或延長保護令之機制，並定明每次延長期間上限。

三、為避免被害人擔心遭報復等因素致未聲請延長保護令，周延被害人之保護，爰於第3項規定檢察官或警察機關得聲請延長保護令。

四、考量變更或延長保護令聲請期間，如原保護令期間已屆滿，但法院尚未裁定，恐造成保護之空窗期，第4項規定法院受理被害人等聲請變更或延長保護令，或檢察官、警察機關聲請延長保護令，於法院裁定前，原保護令不失其效力。

五、為利當事人遵守及警察機關等執行原保護令規範內容，第5項規定法院受理延長保護令聲請後之通知機制；另警察機關應提供法院即時通知之聯繫窗口，並適時協助法院聯繫相關人員，以周延本項之通知機制。

貳 相關法條

　　家庭暴力防治法第15條：「通常保護令之有效期間為二年以下，自核發時起生效。通常保護令失效前，法院得依當事人或被害人之聲請撤銷、變更或延長之。延長保護令之聲請，每次延長期間為二年以下。檢察官、警察機關或直轄市、縣（市）主管機關得為前項延長保護令之聲請。通常保護令所定之命令，於期間屆滿前經法院另為裁判確定者，該命令失其效力。」

參　解說

一、本條雖係參考家庭暴力防治法第15條立法例，然家庭暴力防治法第15條有關保護令有效期間最初始之立法設計為一年，但民間團體及地方政府等實務工作人員於處理家暴實務時迭有反映，家庭暴力被害人為脫離受暴環境，往往需面對司法案件、住居所及工作變動等壓力，遂於2015年2月修正通過為二年，由於保護令具強制力且禁制行為人之行動，對於防制跟騷行為是最具即時而有效之公權力介入的一種型態，對於穩定部分被害人身心及生活之期間確實不宜過短，故本條第1項規定仿家暴實務處理經驗律定有效期間為二年，並自核發開始起計時效。

二、有鑑於實務上常有被害人因擔心遭行為人報復等因素致未聲請延長保護令，為周延被害人保護，除放寬聲請人之聲請範圍外，法院亦得依職權介入保護令之撤銷、變更或延長，此部分有別於家庭暴力防治法之做法，鮮明彰顯公權力的介入，突顯社會法特色；而其中有關保護令有效期間之延長部分，每次不得超過二年，且無次數限制；同時，配合本條第3項，在延長部分，檢察官或警察機關亦得為延長保護令之聲請（與法院不同，不含撤銷、變更），但檢察官或警察機關向法院為延長保護令之聲請，每次亦不得超過二年，且無次數限制，俾利確保犯罪被害人之權益。

三、除被害人以外，依跟蹤騷擾防制法第5條第1項後段規定，被害人為未成年人、身心障礙者或因故難以委任代理人者，其配偶、法定代理人、三親等內之血親或姻親，為保護令之聲請權人，得向法院聲請之；但考量變更或延長保護令聲請期間，如原保護令（舊的保護令）期間已屆滿，但新的保護令法院尚未裁定，恐造成保護之空窗期，即可能會造成犯罪被害者呈現青黃不接的真空期，故立法設計於第4項規定法院受理被害人等聲請變更或延長保護令，或檢察官、警察機關聲請延長保護令，於法院裁定前，原保護令不失其效

力，以彌補中間等候新令核發期間之罅隙，達到持續性、不中斷、無縫接軌的保護效力。

四、本條第5項為延長保護令之即時通知條款，法效果之時間點為：法院受理延長保護令之「聲請後」，本法即要求法院啟動「即時通知」機制，藉以提醒被害人及聲請人對於原保護令仍然有效之安心保證、督促行為人有續行遵守原保護令義務，及檢警機關等強制執行原保護令之公權力；另，亦課以執行之警察機關應提供法院於啟動該機制之聯繫窗口，以達「即時」之效也。

第14條（保護令之送達、期日、期間及證據之準用）

法院應於核發保護令後二十四小時內發送被害人、聲請人、相對人、裁定內容所指定之人及執行之機關。

有關保護令之送達、期日、期間及證據，準用民事訴訟法之規定。

保護令由直轄市、縣（市）主管機關執行之；執行之方法、應遵行程序及其他相關事項之辦法，由中央主管機關定之。

 立法理由

一、參考家庭暴力防治法第18條第1項規定，保護令裁定應送達於當事人及執行之機關，另為爭取時效，即時保護被害人，本條第1項定明保護令應於核發後24小時內發送。

二、參考非訟事件法第31條規定，於本條第2項定明送達、期日、期間及證據，準用民事訴訟法之規定。

三、為利機關執行保護令，其方法、應遵行程序等事項，本條第3項定明授權中央主管機關另定辦法規範。

貳　相關法條

一、家庭暴力防治法第18條第1項規定，保護令除緊急保護令外，應於核發後24小時內發送當事人、被害人、警察機關及直轄市、縣（市）主管機關。其目的不外乎係為發揮即時、強制之法效果，以達犯罪預防；揆諸家庭暴力防治法第18條第1項之立法理由，僅為照黨團協商條文通過之條文，本條文比照立法。

二、參照非訟事件法第31條規定，民事訴訟法有關送達、期日、期間及證據之規定，於非訟事件準用之。

參　解說

一、本條第1項律定送達期限為24小時內，同時也意謂間接要求執行機關於接獲保護令通知後，得以迅速著手執行保護令內容之應執行事項。

二、為配合有關法律之運用，並簡化便民，以達疏減訟源及減輕人民訟累之目的，有關保護令程序上之送達、期日、期間及證據，亦均準用民事訴訟法有關送達（民事訴訟法第123條至第153條之1）、期日（民事訴訟法第154條至第159條）、期間（民事訴訟法第160條至第167條）及證據（民事訴訟法第277條至第376條之2）之規定。由此可知，跟蹤騷擾防制法可謂是程序、實體混合之法體例，且程序從民事、實體從刑事之附屬刑法之態樣。

三、保護令，係以直轄市、縣（市）主管機關為執行機關，期透由地方以社區聯防之方式進行執行，至於執行之方法、應遵行程序及其他相關細節性、技術性事項，則明文透由法律授權，由中央衛生主管機關即衛生福利部，依行政程序法第150條以法規命令，並以「辦法」之形式訂定之。

第15條（保護令程序之準用及其救濟）

保護令之程序，除本法別有規定外，準用非訟事件法有關規定。

關於保護令之裁定，除有特別規定者外，得為抗告；抗告中不停止執行。

對於抗告法院之裁定，不得再抗告。

壹　立法理由

一、關於保護令之核發、審理、抗告、再抗告及其他程序規定，於性質相同範圍內，準用非訟事件法第一章總則第四節聲請及處理、第五節裁定及抗告之規定，爰為本條第1項之規定。

二、本條第2項定明保護令得為抗告，及抗告中不停止執行。

貳　相關法條

一、本條有關保護令之核發、審理、抗告、再抗告及其他程序事項，性質與非訟事件屬於共同性事項者，程序準用非訟事件法第一章總則第四節聲請及處理（即非訟事件法第29條至第35條之3）、第五章裁定及抗告（第36條至第49條）之規定。

二、有關本條第2項前段，對於保護令之裁定，得為抗告已為贅語，畢竟於第1項準用非訟事件法之範圍及項目，已包含非訟事件法第五節裁定及抗告之規定，何必於本條第2項前段另行規定。故本項所欲突顯者，應係為強調本條第2項後段關於「抗告中不停止執行」之規定，揆諸國內法有關抗告中不停止執行之法理，除本法外，家事事件法、家庭暴力防治法、非訟事件法、強制執行法與兒童及少年性剝削防制條例，均有類此規定，臚列如下：

(一) 家事事件法第91條第1項前段規定：「暫時處分之裁定，除法律別有規定外，僅對准許本案請求之裁定有抗告權之人得為抗告；抗告中不停止執行。」

(二) 家庭暴力防治法第20條第2項規定：「關於保護令之裁定，除有特別規定者外，得為抗告；抗告中不停止執行。」

(三) 非訟事件法第188條第4項規定：「准許開始重整之裁定，如經抗告者，在駁回重整聲請裁定確定前，不停止執行。」

(四) 強制執行法第18條規定：「強制執行程序開始後，除法律另有規定外，不停止執行。」

(五) 兒童及少年性剝削防制條例第20條第3項規定：「抗告期間，不停止原裁定之執行。」

三、抗告法院，對於程序上裁定，不得再為抗告之體例，無獨有偶，參照如下：

(一) 兒童及少年福利與權益保障法第59條第1項後段：「對於抗告法院之裁定不得再抗告。」

(二) 破產法第34條第4項規定：「對於抗告法院之裁定，不得再抗告。」

(三) 精神衛生法第42條第3項前段規定：「嚴重病人或保護人對於法院裁定有不服者，得於裁定送達後十日內提起抗告，對於抗告法院之裁定不得再抗告。」

(四) 兒童及少年性剝削防制條例第20條第2項規定：「對於抗告法院之裁定，不得再抗告。」

 解說

一、非訟事件法第一章之總則，包含第一節有關事件管轄、第二節規定關係人、第三節費用之徵收及負擔、第四節聲請及處理、第五節裁定及抗告，及第六節司法事務官處理程序，本條第1項及其立法理

由，意旨既已說明性質與非訟事件屬於共同性事項者，程序準用非
訟事件法第一章總則第四節聲請及處理（即非訟事件法第29條至第
35條之3）、第五章裁定及抗告（第36條至第49條）之規定，故僅
就非訟事件法第一章之其中二節為準用，茲分就此二部分即代表事
項，分析如下：

(一) 保護令之聲請及處理：包含保護令聲請或陳述之程序、聲請書
　　狀或筆錄之應載事項，送達、期日、期間、證據之準用、事實
　　及證據之職權調查，調查、通知及裁定執行之囑託、秘密審理
　　原則（呼應本法第10條第1項保護令案件之審理不公開）、訊
　　問筆錄之要求等項。

(二) 對於保護令准駁裁定及其抗告：包含保護令係以獨任法官裁定
　　而為之、製作裁定書之程式、裁定之送達、裁定確定證明書之
　　核發、裁定之撤銷或變更、救濟（抗告）途徑、抗告期間、抗
　　告之方式、對於抗告裁定之審理方式、不得提起再抗告之救濟
　　方式（提出異議）、抗告程序準用民事訴訟法關於抗告程序之
　　規定，及不認外國法院裁判之情形等項。

二、保護令之裁定，雖得為抗告，但為避免行為人透由抗告救濟之方
　　式，延緩保護令之核發，或利用抗告期間保護令尚未正式核發運行
　　之間隙，對被害人不利，基於對於被害人或可能為被害人預防之周
　　延保護前提下，參照國內立法例，即便對於保護令裁定予以抗告，
　　抗告中，保護令亦不因救濟而停止執行。

三、基於法院所為之裁判，分別為裁定及判決。前者係排除訴訟之障
　　礙，後者則為終結訴訟之流程；此外，前者亦在於處理程序性問
　　題，後者則解決實體上之紛爭，也由於程序性問題間接係為加速審
　　理流程，而尚未涉及人民基本權利義務時，對於法院保護令裁定之
　　抗告至第二審之抗告法院後，則排除再抗告之規定。

第16條（執行程序之聲明異議）

被害人、聲請人或相對人對於執行保護令之方法、應遵行之程序或其他侵害利益之情事，得於執行程序終結前，向執行之機關聲明異議。

前項聲明異議，執行之機關認其有理由者，應即停止執行並撤銷或更正已為之執行行為；認其無理由者，應於十日內加具意見，送核發保護令之法院裁定之。

對於前項法院之裁定，不得抗告。

 **立法理由**

一、本條第1項及第2項定明對於執行保護令之方法、應遵行之程序或其他侵害利益之情事之救濟及處理方式。

二、本條第3項定明對法院所為第2項裁定，不得抗告。

 **相關法條**

一、為保障人民權利，使保護令制度更臻周延，本條例法設計係參照家庭暴力防治法第27條之規定：

(一) 當事人或利害關係人對於執行保護令之方法、應遵行之程序或其他侵害利益之情事，得於執行程序終結前，向執行機關聲明異議。

(二) 前項聲明異議，執行機關認其有理由者，應即停止執行並撤銷或更正已為之執行行為；認其無理由者，應於10日內加具意見，送原核發保護令之法院裁定之。

(三) 對於前項法院之裁定，不得抗告。

二、另本法第14條第3項後段規定：「執行之方法、應遵行程序及其他相關事項之辦法，由中央主管機關定之。」本條即是對於執行保護

令之方法、應遵行之程序或其他侵害利益情事，賦予被害人、聲請人或行為人等聲明異議之規定。

 解說

一、按本法第14條第3項後段，有關保護令執行之方法、應遵行程序及其他相關事項，透由法律授權以「辦法」訂定之，通常對於執行事項鮮有救濟作為，本條即參照家庭暴力防治法第27條對於執行面，透過「內部救濟管道」設計於「執行程序終結前」之始點，以「異議」之方式，向「執行機關」提起自省救濟之機制；職是，將異議視為門診條款，而非動輒向法院尋求救急條款，相對於中央主管機關即衛生福利部，對於保護令之執行方法、應遵行程序及其他相關事項之執行辦法，亦宜有相對應之執行作為上有聲明異議之細部設計，始符合法之目的性。

二、本條特別針對保護令之執行程序，設計向執行機關以提起異議方式為內部救濟作為之方式，故審查主體為執行機關，客體為執行保護令之方法、應遵行之程序或其他因程序面所導致侵害利益之情事。倘執行機關經實質審查後，認為：

　(一) 異議有理由：執行機關應立即停止執行，並撤銷或更正已為之執行行為。

　(二) 異議無理由：執行機關應於10日內加具答辯意見，送原核發保護令之法院裁定之。

　(三) 由本項可以窺知，若聲明異議有理由，則執行機關自省主動撤銷或更正已為之執行行為，可謂是內部救濟管道之門診條款；若無理由，經執行機關佐附答辯意見後，始送原核發保護令之法院裁定之，不但可以大幅減輕法院對於執行面審查適法性之負擔，亦可充分發揮篩選機制，調節司法資源。

三、本條第3項，對於聲明異議無理由，移送原核發保護令之法院裁

定，亦屬於程序裁定，其目的在於排除訴訟之障礙，既係處理程序性裁定，則參照家庭暴力防治法第27條第3項之法體例，不得抗告，以求執行之即時性。

第17條（外國法院保護令之承認效力）

外國法院關於跟蹤騷擾行為之保護令，經聲請中華民國法院裁定承認後，得執行之。

被害人或聲請權人向法院聲請承認外國法院關於跟蹤騷擾行為之保護令，有民事訴訟法第四百零二條第一項第一款至第三款所列情形之一者，法院應駁回其聲請。

外國法院關於跟蹤騷擾行為之保護令，其核發地國對於中華民國法院之保護令不予承認者，法院得駁回其聲請。

壹 立法理由

一、第1項定明外國法院之保護令須經我國法院裁定承認其效力後，始得執行，並於第2項定明法院應駁回聲請之情形。

二、鑑於我國現時面臨國際政治情勢之特殊性，賦予法院得視具體情況，決定承認或不予承認外國法院關於跟蹤騷擾行為之保護令，爰為第3項規定。

三、本條所定「外國保護令」，係指經外國法院審查核發之相關保護令狀，併予說明。

貳 相關法條

一、本條係參照家庭暴力防治法第28條體例如下：

　　(一) 外國法院關於家庭暴力之保護令，經聲請中華民國法院裁定承

認後，得執行之。

(二) 當事人聲請法院承認之外國法院關於家庭暴力之保護令，有民事訴訟法第402條第1項第1款至第3款所列情形之一者，法院應駁回其聲請。

(三) 外國法院關於家庭暴力之保護令，其核發地國對於中華民國法院之保護令不予承認者，法院得駁回其聲請。

二、仲裁法第49條規定：「外國仲裁判斷，其判斷地國或判斷所適用之仲裁法規所屬國對於中華民國之仲裁判斷不予承認者，法院得以裁定駁回其聲請。」

三、民事訴訟法第402條第1項第1款至第3款規定：「外國法院之確定判決，有下列各款情形之一者，不認其效力：

一、依中華民國之法律，外國法院無管轄權者。

二、敗訴之被告未應訴者。但開始訴訟之通知或命令已於相當時期在該國合法送達，或依中華民國法律上之協助送達者，不在此限。

三、判決之內容或訴訟程序，有背中華民國之公共秩序或善良風俗者。」

四、強制執行法第4條之1規定：「依外國法院確定判決聲請強制執行者，以該判決無民事訴訟法第四百零二條各款情形之一，並經中華民國法院以判決宣示許可其執行者為限，得為強制執行。」

 解說

一、本條第1項，定明外國法院之保護令須經我國法院裁定承認其效力後，始得為執行名義。至於執行名義，參照強制執行法第4條第1項第6款「其他依法律之規定，得為強制執行名義者」；由此可知，此處的執行名義為針對跟騷所衍生之人身安全強制執行的保護。

二、本條第2項，係被害人或聲請權人，向法院聲請承認外國法院關於跟騷行為之保護令之消極條件，同時也可謂是受理法院之審查基準，亦即我國法院當審查外國法院所核發關於本法之保護令時，若有民事訴訟法第402條第1項第1款至第3款規定，即便是外國法院已確定之保護令裁定，也不承認其效力，這些情況包含：

(一) 依我國之法律，外國法院對於有關跟騷行為之保護令裁定、核發及執行，均無管轄權者，我國法院不承認其效力，而會駁回被害人或聲請權人之聲請。

(二) 為保障被告出庭及訴訟之防禦權利，當受到敗訴之被告未出庭應訴者，我國法院亦不承認其效力，也會駁回被害人或聲請權人之聲請。除非有其但書情形，即若有開始訴訟之通知或命令已於相當時期在該國合法送達，或依我國法律上之協助送達者，不在此限；此時，我國法院會例外承認其效力，而會核准被害人或聲請權人之聲請。

(三) 公共秩序、善良風俗已為法社會通念下的普世價值，雖係不確定的法律概念，但也賦予司法人員自由心證之價值判斷；因此，倘外國法院對於有關跟騷行為保護令之核發裁定、程序或內容，有明顯悖離我國客觀概念上之公共秩序或善良風俗者，我國法院不承認其效力，而會駁回被害人或聲請權人之聲請。

(四) 基於平等、互惠原則，若外國法院關於跟騷行為之保護令，其核發地國對於我國法院之保護令也不予承認之情形下，我國法院不承認其效力，而會駁回被害人或聲請權人之聲請。

三、有討論空間的部分是，揆諸民事訴訟法第402條第1項尚有第4款對於外國法院之確定判決「無相互之承認」情形下，不認其效力，但無論是家庭暴力防治法第28條，或是參照家庭暴力防治法第28條體例之本條，均未將民事訴訟法第402條第1項第4款納列於其中，是否意謂外國法院對於有關跟騷行為之保護令，在無相互之承認情形下，我國法院亦會承認其效力，而會核准被害人或聲請權人之聲請？從條文設計上，似乎並非如此，茲說明如下：

(一) 首先，先從本條第3項以觀，外國法院關於跟蹤騷擾行為之保護令，其核發地國對於我國法院之保護令「不予承認」者，法院得駁回其聲請。職是，似將民事訴訟法第402條第1項第4款挪出，單獨為一項之規定，也就是民事訴訟法第402條第1項第4款即是本條之第3項，即彼此國家對於保護令之核發有相互不承認之情形下，我國法院仍不承認其效力，而會駁回被害人或聲請權人之聲請。當然，本條第3項有將主體及客體區分詳列，依法律明確性原則，予以詳盡規範。

(二) 其次，既然本條是參照家庭暴力防治法第28條之法體例而來，回頭探究家庭暴力防治法第28條（特別是該條第2項、第3項之立法理由）：鑑於我國現時政治情勢之特殊性[35]，建議就民事訴訟法第402條第1項第4款「國際相互承認」制度採彈性規定，仿照商務仲裁條例第32條模式，增列第3項，由法院視具體事件，決定承認或不承認。案內商務仲裁條例業於1998年6月24日總統令將法律名稱修正公布為「仲裁法」，原商務仲裁條例第32條即現行仲裁法第49條：「外國仲裁判斷，其判斷地國或判斷所適用之仲裁法規所屬國對於中華民國之仲裁判斷不予承認者，法院得以裁定駁回其聲請。」其立法理由係參照聯合國國際商務仲裁模範法第36條、1958年聯合國外國仲裁判斷承認及執行公約（紐約公約）第5條第2項第2款，及英國1975年仲裁法；由此可知，家庭暴力防治法第28條係參照現行仲裁法第49條而設計，而本條則是參照家庭暴力防治法第28條而制定，彼此間可謂互有「因果關係」，而本條第3項同樣承襲民事訴訟法第402條第1項第4款之立法精神，外國法院關於跟蹤騷擾行為之保護令，其核發地國對於我國法院之保護

---

[35] 按國際法上之承認，區分為國家承認（recognition of state）、政府承認（recognition of government）及交戰團體之承認（recognition of belligerency），本法與交戰團體之承認應屬無涉，若涉及我國之國家承認或政府承認之爭議性問題時，即屬政治情勢之特殊性考量。參閱魏靜芬，國際法，五南，2021年2月，頁53-62。

令不予承認者，我國法院亦不承認其效力，而會駁回被害人或聲請權人之聲請。

「如果有種恐懼，看不到比看得到的還令人畏懼，那莫過於是跟蹤騷擾；如果有種掌控，無形比有形還要強大，莫過於是科技跟蹤」[36]，此突顯跟騷犯罪是在犯罪實害具體發生前的一種預備犯處罰，從寬嚴並進的刑事政策，刑事立法的入罪化，鮮明顯示嚴格刑事政策的一面；從道德恐慌（moral panics）的角度觀察，本法之制定也可謂是間歇性刑事政策之結果[37]。末以，揆諸本法之立法主要目的，在於防制跟騷及保護被害人，亦即「以防制為主、防治為輔」，因而，中央警察大學許福生教授即指出：未來在建立被害人支援體系更是本法重中之重。由此可知，在本法開始實務運行之初，前置的被害人支援體系是重點，而且也是較為困難的重點；同時，也不無可能牽動未來犯罪被害人保護法修正之趨向，值得吾等賡續觀察及關注。

第18條（跟蹤騷擾罪）

實行跟蹤騷擾行為者，處一年以下有期徒刑、拘役或科或併科新臺幣十萬元以下罰金。

攜帶凶器或其他危險物品犯前項之罪者，處五年以下有期徒刑、拘役或科或併科新臺幣五十萬元以下罰金。

第一項之罪，須告訴乃論。

檢察官偵查第一項之罪及司法警察官因調查犯罪情形、蒐集證據，認有調取通信紀錄及通訊使用者資料之必要時，不受通訊保障及監察法第十一條之一第一項所定最重本刑三年以上有期徒刑之罪之限制。

---

[36] 林美薰、林嘉萍，反制跟蹤騷擾，臺灣大步走，婦研縱橫，第105期，2016年10月，頁6。

[37] 劉育偉，斯堪地那維亞間歇的刑事政策—挪威「道德恐慌」之探討，國會季刊，第48卷第2期，2020年6月，頁81-102。

壹　立法理由

　　將跟蹤騷擾行為犯罪化的原因，與跟蹤騷擾對被害人之生理和心理都會造成不良影響有關。在國外的實證研究中，有被害人表示被跟蹤糾纏會引發個人精神上與生理上之症狀，包含強烈的不安感、恐懼、睡眠障礙、腸胃消化不良或憂鬱症。也有受訪者表示遭受跟蹤騷擾造成的健康影響，從精神上的恐懼緊張，到生理上的疾病，包括惡夢、失眠、心臟與循環疾病、腸胃消化疾病等均有[38]。

　　在我國，現代婦女基金會曾針對台灣高中職及大專院校女學生進行調查，結果顯示，超過半數（52.7%）的受訪者擔心遭遇跟蹤騷擾，主要擔心的內容是害怕騷擾者加害自己或親友，生命安全遭到威脅。其中12.4%的受訪者曾經遭遇過跟蹤或騷擾。騷擾形式則以「通訊騷擾」（即以電話、簡訊、網路等方式進行騷擾）占最大宗，為77.3%[39]。換言之，跟蹤騷擾之行為，不僅被認為對他人的心理與生理健康構成侵害，而且會對他人的「生活形成」造成嚴重干擾。

　　又因社會發生多起跟蹤騷擾事件，後來演變成危害生命安全的重大犯罪，而引發社會大眾對此一議題的關注，倡議制定跟蹤騷擾防治法以禁止跟蹤騷擾行為。本條即將反覆持續為跟蹤騷擾行為予以犯罪化而科處刑罰。

貳　相關法條

　　德國刑法第238條跟蹤糾纏罪及日本糾纏行為規制法第18條跟蹤騷擾罪之規定是我國在制定本條規定時的重要參考，以下分別將其相關之條文臚列之，以供比較參考。

---

[38] 王皇玉，跟蹤糾纏行為之處罰：以德國法制為中心，台大法學論叢，第47卷第4期，2018年12月，頁2370。

[39] 王皇玉，跟蹤糾纏行為之處罰：以德國法制為中心，台大法學論叢，第47卷第4期，2018年12月，頁2383。

一、德國刑法第238條跟蹤糾纏罪

2017年德國修正後之刑法第238條規定如下[40]：

「無故以下列方式持續地跟蹤糾纏他人，足以嚴重侵害他人的生活形成，處三年以下自由刑或罰金刑：

1. （有目的地）出現在他人附近。

2. 使用電子通訊工具或其他通訊工具，或經由第三人而嘗試與他人接觸。

3. 濫用他人相關個人資訊，為他人郵寄訂購物品或服務或促使第三人與他人接觸。

4. 以侵害本人或其近親之生命、身體完整性、健康或自由施以脅迫。

5. 採取其他相類行為。

行為人之行為，對被害人、被害人之近親親屬或與被害人親近之人形成生命危險或嚴重身體損害者，處三月以上五年以下自由刑。

行為人因其行為導致被害人、被害人之近親親屬或與被害人親近之人死亡者，處一年以上十年以下自由刑。

第一項之行為須告訴乃論，但刑事追訴機關因為追訴犯罪具有特殊之公共利益，不在此限。」

二、日本糾纏行為規制法第18條跟蹤騷擾罪

日本糾纏行為規制法第18條規定如下：

「為跟蹤騷擾（ストーカー）行為者，處一年以下有期徒刑或100萬日圓以下罰金。」

所謂「跟蹤騷擾行為」，依同法第2條第4項規定：「本法稱『跟蹤騷擾行為』者，係指對同一人反覆為纏擾（つきまとい）（有關第1

---

[40] 王皇玉，跟蹤糾纏行為之處罰：以德國法制為中心，台大法學論叢，第47卷第4期，2018年12月，頁2377。

項第1款至第4款及第5款（僅限於發送電子郵件相關的部分）所揭示之行為，僅限於以讓人感覺人身安全、住居等的安穩平靜或名譽等會被侵害，或以讓人感覺行動自由很顯著地被侵害等這種讓人感到不安的方法來施行之情形）或反覆地為未經同意的取得其位置資訊而言。」

　　換言之，所謂「跟蹤騷擾行為」，必須是對同一人反覆為纏擾行為，或反覆地為未經同意的取得其位置資訊，始足以成立。僅偶一為之，雖然是纏擾行為，而可能足以成為警告或核發保護令之行為，但尚不構成「跟蹤騷擾行為」。而所謂「纏擾」，依同條第1項規定：「本法稱『纏擾等』者，係指為了滿足對某特定人之愛意或其他喜愛之情感，或為了滿足因為這些喜愛的情感不能獲得滿足所生怨恨的情緒，基於這樣的目的，而對該特定人或其配偶、直系親屬或同財共居的親屬，或其他與該特定人在社會生活上有密切關係的人，為下列各款所揭示行為之一者而言。

一、纏擾（跟隨）、埋伏、阻擋去路、在住所、工作場所、學校或其他目前所在或通常所在的場所（以下簡稱『住居所等』）附近盯梢、擅入住居所等、或在住居所等之附近徘徊。

二、告知其諸如自己正在監視其行動等情事，或將這些情事置於可以使其得知的狀態。

三、要求會面、交往或行其他無義務之事。

四、為非常粗野或為粗暴之言行。

五、打電話之後不發一語，或雖被拒絕了卻仍然繼續打電括、寄送書信、使用傳真機發送訊息、或發送電子郵件等。

六、寄送穢物、動物屍體或其他極具攻擊性或令人作噁的物品，或將其置於可被知悉的狀態。

七、告知足以毀損其名譽之事，或將其置於可被知悉之狀態。

八、告知使人感到性羞恥之事或置於可得知悉的狀態，或者發送使人感到性羞恥之文書、圖畫、電磁紀錄（係指以電子方式、電磁方式或其他人類知覺所無法認識的方式所製作的紀錄，而係供電子計算機處理資訊之用的紀錄而言）等相關媒體或其他物品或置於可得知悉

的狀態，或者傳送會使人感到性羞恥之電磁紀錄或其他紀錄或置於可得知悉的狀態。」

所謂「未經同意的取得位置資訊」，依同條第3項規定：「本法所稱『未經同意擅自取得位置資訊等』，係指對某特定人之愛意或其他喜愛之情感，或為了滿足因為這些喜愛的情感不能獲得滿足所生怨恨的情緒，基於這樣的目的，而對該特定人或其配偶、直系親屬或同財共居的親屬，或其他與該特定人在社會生活上有密切關係的人，為下列各款所揭示行為之一者而言。

一、未經同意，以政令規定的方法，獲取其所持有之位置資訊紀錄、或取得以發送裝置所紀錄、或所發送之該位置資訊紀錄、或取得發送裝置所處位置有關的位置資訊。

二、未經同意，以政令所規定的行為，將位置資訊紀錄（或發送）設備安裝於其所持有的物品上，或交付已安裝有位置資訊紀錄（或發送）設備的物品，或為其他可以隨著其移動而移動位置資訊紀錄（或發送）設備之狀態的行為。」

 解說

一、普通跟蹤騷擾罪

本條第1項規定：「實行跟蹤騷擾行為者，處一年以下有期徒刑、拘役或科或併科新臺幣十萬元以下罰金。」所謂跟蹤騷擾行為，係指本法第3條第1項所規定之跟蹤騷擾行為而言。依此等規定，有關跟蹤騷擾行為罪之客觀及主觀不法構成要件，析論如下：

(一)客觀不法構成要件

1.實行跟蹤騷擾行為（犯罪行為）

　　本罪之犯罪行為為實行跟蹤騷擾行為。所謂跟蹤騷擾行為，依本法第3條第1項之規定，係指以人員、車輛、工具、設備、電子通訊、網際網路或其他方法，對特定人反覆或持續為違反其意願且與性或性別有關之下列行為之一，使之心生畏怖，足以影響其日常生活或社會活動：

　　(1)監視、觀察、跟蹤或知悉特定人行蹤。

　　(2)以盯梢、守候、尾隨或其他類似方式接近特定人之住所、居所、學校、工作場所、經常出入或活動之場所。

　　(3)對特定人為警告、威脅、嘲弄、辱罵、歧視、仇恨、貶抑或其他相類之言語或動作。

　　(4)以電話、傳真、電子通訊、網際網路或其他設備，對特定人進行干擾。

　　(5)對特定人要求約會、聯絡或為其他追求行為。

　　(6)對特定人寄送、留置、展示或播送文字、圖畫、聲音、影像或其他物品。

　　(7)向特定人告知或出示有害其名譽之訊息或物品。

　　(8)濫用特定人資料或未經其同意，訂購貨品或服務。

　　依上開規定，首先行為人必須以人員、車輛、工具、設備、電子通訊、網際網路或其他方法，對特定人反覆或持續為違反其意願且與性或性別有關之上開八款行為之一。亦即，所為之上開八款行為都必須是與性或性別有關之行為，且須為違反被害人之意願，如與性或性別無關之行為，或未違反被害人之意願，即不構成本罪。不過，如果行為人不是針對特定人，而是針對該特定人之配偶、直系血親、同居親屬或與特定人社會生活關係密切之人為上述之跟蹤騷擾等行為，則即使與性或性別無關，也可能因滿足第3條第2項之條件，即「對特定人之配偶、直系血親、同居親屬或與特定人社會生活關係密切之人，以前項之方法反

覆或持續爲違反其意願而與性或性別無關之各款行爲之一，使之心生畏怖，足以影響其日常生活或社會活動，亦爲本法所稱跟蹤騷擾行爲」，而構成本項之罪。

就跟蹤騷擾行爲來看，本罪依第3條第1項之規定主要列出八款行爲態樣。這八款行爲態樣必須「反覆持續」爲之，而且「違反被害人意願」，並「與性或性別有關」。茲就這八款行爲分別說明如下：

(1) 監視、觀察、跟蹤或知悉特定人行蹤

所謂監視，即監看視察。是指對於某特定人之行蹤實施暗地觀察，並持續性的關注，以瞭解其日常之活動。觀察，即仔細察看。與監視一樣都是一種透過人的視覺感官進行認知的活動。所謂跟蹤，即跟隨追蹤，係指在某人的後面跟隨追跡而言。所謂知悉，即知道、知曉而言，是一種內心的活動狀態。此所謂之監視、觀察、跟蹤都是用以感知、瞭解特定人行蹤的一種方法。在解釋上，不論是跟蹤，還是監視、觀察，都應限於針對特定人之行蹤，始足當之。於此有疑問者，是以「知悉」特定人行蹤爲客觀不法構成要件要素之一，是否妥當，容有討論之餘地。相關討論，請參閱爭議問題三。

(2) 以盯梢、守候、尾隨或其他類似方式接近特定人之住所、居所、學校、工作場所、經常出入或活動之場所

所謂盯梢，係指暗地跟蹤、監視而言。守候，係指看守等候。尾隨，指緊跟在後而言。接近，即指靠近，而相距不遠。行爲人須以盯梢、守候、尾隨等方式靠近特定人之住居所、就讀的學校、工作的場所或其他經常出入或活動的場所，始該當本款之條件。

本款必須是物理上的、空間上的接近被害人，其方式可能是尾隨被害人，或盯梢、守候在被害人住家、學校、工作場所附近，但行爲人不一定要嘗試與被害人接觸，只要空間上接近被害人即可。

因爲不必與被害人接觸而只要在空間上接近被害人即可，所以在適用上比較有問題的，是被害人對於行爲人的接近，是否必須有所察覺？關於這個問題，本文認爲應不以被害人察覺或知悉爲必要。行爲人秘密地或未被發現地盯梢或尾隨接近被害人，並不影響本罪之成立。因爲有

可能行為人已經尾隨被害人很長一段時間，例如數月之久，而被害人仍然處於不知情狀態，此時如果被害人知悉遭到跟蹤數月之久，其內心的震驚、恐懼和不安可能更加強烈。因此，只要行為人客觀上有跟蹤之事實，被害人何時察覺或有無察覺，均不影響本罪之成立。

「盯梢」、「守候」等行為，都是為了觀察被害人的動靜所為的行為，所以應需持續相當時間始能完成。倘若如此，當行為人僅以極短的時間觀察被害人的行動時，既然不具備時間上的繼續性，則是否可以認為其行為是「盯梢」的行為，解釋上即有疑問。

關於此問題，日本實務曾有被告主張「盯梢」需持續一段時間，才能構成。對於這樣的主張，日本東京高等法院認為所謂「盯梢」行為主要是指以視覺等感覺器官觀察相對人動靜的行為，依其定義固然也以具有時間上的持續性為必要，但是此一時間上的持續性，僅是內在於盯梢行為本身的性質，並非必須附加於外的條件，從而一個透過盯梢行為所進行的觀察究竟需要多久時間，可依其目的而有不同[41]。

上述日本實務見解，可作為我國解釋盯梢、守候行為之參考。質言之，雖然盯梢、守候等行為，需要持續相當時間始能完成，但如果在極短的時間內即達成其目的，也應該可判斷為盯梢、守候行為。例如，僅為了確認被害人所有車輛有停放在住處，及被害人的臥室照明有點亮以確認被害人有回到家，即使等候的時間極為短暫即獲得確認，亦可肯認其為盯梢、守候等行為。

此外，本款成立之前提必須是行為人與被害人並非處於同居、同校、同一工作場所之狀態。因為行為人如原本就與被害人住於相同之處所，或在同一所學校甚至同班就讀，或在同一工作場所就業，則行為人出現在該住居所，或該學校或工作場所，乃是其居住、就學、就業之必然。縱然因此而與被害人接近，也不應認為該當本款。

---

[41]　東京高等裁判所平成24年1月18日判決，判例タイムズ，第1399號，頁368。

(3) 對特定人爲警告、威脅、嘲弄、辱罵、歧視、仇恨、貶抑或其他相類之言語或動作

　　警告，是使人警覺之告誡。威脅，指威逼脅迫，使人服從。嘲弄，指嘲諷捉弄。辱罵，是指污辱謾罵，即用粗暴的語言謾罵。歧視，指輕視而不公平地看待。仇恨，指仇視憤恨而懷有強烈的敵意。貶抑，指貶低抑制而言。行爲人須對被害人施予警告、威脅、嘲弄、辱罵、歧視、仇恨、貶抑等言語或動作，始構成本款之條件。

(4) 以電話、傳眞、電子通訊、網際網路或其他設備，對特定人進行干擾

　　干擾，即干犯擾亂，指干犯擾亂被害人之生活行動。行爲人須以電話、傳眞、電子通訊、網際網路或其他設備干犯擾亂被害人之生活行動。例如打電話、發簡訊、發電子郵件，或在網際網路上利用交友或社群網站干擾被害人。

　　本款以「干擾」特定人作爲客觀不法構成要件要素，其範圍似乎過於寬泛而不明確。且其所要保護之法益爲何也不明確。本款所指以電話、傳眞、電子通訊、網際網路或其他設備干擾特定人，雖然可能造成該特定人一定程度之困擾，但基本上都是相對輕微的干擾，如果這種干擾嚴重到傷害其身體或心理健康、強制、恐嚇等情況，則現行刑法已足以制裁；如果此干擾只是製造輕微的心靈不安而已，則其性質是否屬於法益侵害，在刑法上仍有疑問。換言之，以「干擾特定人」作爲刑罰之行爲，其是否果眞具有「需刑罰性」，委實值得令人懷疑。

(5) 對特定人要求約會、聯絡或爲其他追求行爲

　　追求，是指向特定人求愛，即特定人間的愛慕交往。行爲人須對特定人要求與之約會、聯絡或其他相類之追求行爲。

(6) 對特定人寄送、留置、展示或播送文字、圖畫、聲音、影像或其他物品

　　本款包括寄送、留置、展示、播送四種行爲。寄送，即寄託遞送，指委託第三人遞送而言，包括交由郵局、貨運、物流業者或其他個人遞送。留置，即將東西留下，行爲人將文字、圖畫、物品等留下即是。展

示，即展現顯示，行為人將文字、圖畫、物品等展現顯示給被害人看。播送，即播放傳送，透過無線電或有線電播放傳送聲音、影像等訊息，讓被害人可以接收到。

　　行為人將載有文字、圖畫、聲音、影像之媒體或其他物品寄送或留置給被害人，或展示給被害人知悉，或播送文字、圖畫、聲音、影像等訊息，讓被害人可以接收知悉，即符合本款之條件。

(7) 向特定人告知或出示有害其名譽之訊息或物品

　　告知，是把訊息、事情等告訴人，使之知道。出示，是把東西拿出來給人看。行為人須將有害名譽之訊息、事情等告訴特定人，使之知悉，或把有害其名譽之物品出示給特定人知悉，始構成本款之條件。

　　如因告知特定人有害其名譽之訊息，並將以此訊息或物品加害其名譽，而屬惡害之通知，並因而使被害人心生畏怖，危及其日常生活之安全感，則已然該當刑法第305條恐嚇個人安全罪，自可逕依刑法第305條之規定處罰，而不再適用本款之規定。換言之，本款情形應限於未達到刑法第305條所規定之情形，始有適用之餘地。

(8) 濫用特定人資料或未經其同意，訂購貨品或服務

　　濫用，即胡亂、過度地使用。訂購，是預先約定購買。行為人濫用被害人之個人資料，或未經被害人之同意，訂購貨品或服務，造成被害人的困擾，即符合本款之條件。例如行為人以被害人的名義，未經被害人同意，在網路上大量訂購貨品，讓商家誤信是被害人訂購商品，而將貨品寄送到被害人住處，製造被害人與商家之間的糾紛即是。

　　本款所要禁止的行為是濫用被害人個人資料或未經其同意而訂購貨品或服務的行為，包含行為人以被害人的名字訂購物品寄給被害人自己，或以被害人名義締結某些服務性質的契約，例如令不知情之工人前往被害人家修繕。

　　除此之外，所為之上開八款行為尚必須反覆或持續為之，始能構成本罪，如未反覆或持續為之，則不構成本罪。

2. 反覆或持續實行

　　所謂「反覆」，係指重複數次，且在某種程度上必須有時間的密接性，亦即在短時間內連續為多數次，或在一定時間間隔下，持續重複多數次。如只是偶然一次為之，並不成立本罪。簡言之，肯定「反履性」的前提是必須存在複數個上述第3條第1項各款所禁止之行為。

　　至於究竟應持續多久時間或次數多頻繁才可以評價為「反覆」，即成為問題。例如，每日為特定的糾纏行為，當然可以評價為具有「反覆性」。但是做了一次之後，隔了數個月之後又再做一次，就不能認為是「反覆」。而每隔一段時間，例如每個月做一次糾纏行為，持續了數年，則依個別具體的情況，未必沒有評價為具有「反覆性」的餘地[42]。

　　關於「持續反覆」的認定，德國實務見解，原則上同類的跟蹤騷擾行為達5次，例如打騷擾電話5次，即屬「持續反覆」。但德國聯邦最高法院亦有判決認為，判斷「持續反覆」此一要件的重點在於行為人是否顯露出不尊重被害人反對的意願，或對被害人的想法採取漠視而無所謂之心態所為之舉動[43]。

　　其次，所謂反覆的「行為範圍」，是應以第3條第1項各款所規定之同一款中的同一行為為限（例如行為人進行「監視」行為、「觀察」行為與「跟蹤」行為各1次時，只能算各實行1次，而不能併計為重複3次，故不具備反覆性，必須是同一種行為，例如「監視」行為實行了3次，才能計為3次）；還是只要限於同一款的各行為（即同一款行為可以併計）；抑或是不以同種或同款行為為限，只要是第3條第1項各款所規定之任何行為皆可併計入重複的次數，究應如何計算，即成為問題。因為計算的方式不同，將直接影響本罪之成立與否。

　　換言之，當行為人所為的各種禁止行為均重複很多次，判斷反覆性

---

[42] 檜垣重臣，ストーカー行為等の規制等に関する法律について，警察學論集，第53卷第7號，2000年，頁88。林琬珊，日本纏擾行為規制法之背景及其立法，月旦刑事法評論，第5期，2017年6月，頁79。

[43] 有關德國實務之見解，參照王皇玉，跟蹤糾纏行為之處罰：以德國法制為中心，台大法學論叢，第47卷第4期，2018年12月，頁2378-2379。

較不成問題，但是當行為人所為的複數行為僅各該當於不同款的各禁止行為1次時，是否可以認為其行為具有反覆性，在成立本罪的判斷上，即成為問題。

關於這個問題，日本最高法院就該國糾纏行為規制法第18條跟蹤騷擾行為罪中所謂反覆為纏擾行為，是採取較為寬鬆的解釋，認為是指反覆進行日本糾纏行為規制法第2條第1項第1款至第8款所揭的各個「糾纏等」行為之一，並不以特定行為，或某一款所定行為之反覆為限[44]。

美國各州之反跟追法關於跟追犯罪的構成要件，幾乎都要求行為人須針對特定人從事「一系列之行為」或反覆實施某些特定之行為，該行為始會滿足跟追犯罪的構成要件。所謂「一系列之行為」係指「若將行為人一連串之行為放在一起評價，則可表現出行為人持續不斷之目的」。[45]

上述外國關於跟蹤騷擾防制相關法律規定及實務之見解，或可作為我國關於本條跟蹤騷擾行為罪中，有關「反覆」此一構成要件要素之解釋參考。

3. 犯罪行為之限定──行為須足以影響其日常生活或社會活動

行為人持續或反覆為上述第1款至第8款之跟蹤騷擾行為，使被害人心生畏懼，而「足以」影響被害人之日常生活或社會活動，始可能成立本罪。所謂「足以」影響，其判斷不必繫於被害人之日常生活方式或社會活動是否已經實際上有所改變，只要其行為「適合於」對被害人原本之日常生活或社會活動造成影響即可。

此種立法模式，可認為是一種「適性犯」的構成要件類型。所謂「適性犯」，係指一個行為只要「足以」（或「適合於」）造成某種法

---

[44] 最高裁判所第二小法庭，平成17年11月25日裁定，刑事判例集，第59卷第9號，頁1819。
[45] 法思齊，美國反跟追法之研究──兼論我國相關法制之建構，東吳法律學報，第24卷第3期，102年1月，頁15。

益損害之危險行為，即屬構成要件該當。不必在具體個案中具有「真實危險」，也無須真的造成法益侵害之結果，但該行為必須是適合於造成法益損害之危險行為始可，如並不足以或不適合於造成該法益之損害，則不該當構成要件。

關於適性犯之性質，學說上尚有爭議，有認為由於「足以」或「適合於」侵害法益的表述方式，在認定上不以該不法行為對於法益侵害引起具體危險為必要，而是只要具有類似抽象危險犯的一般危險性即可，故有將適性犯理解為抽象危險犯[46]。但亦有認為適性犯是一種有別於抽象危險犯與具體危險犯的特殊立法態樣。此種立法模式是藉由「適性」的行為特性，以避免抽象危險犯過度前置發動刑罰權以及彌補具體危險犯仍然必須判斷因果關係之困擾[47]。

也有以食品安全為例，認為適性犯不必然是抽象危險犯或具體危險犯，亦有可能是所謂的「潛在危險犯」。食品安全法禁止製造者在食品中攙偽與假冒，有時此等規定相當程度已難以具體連結到生命、身體、健康的危險性，也很難說對生命、身體、健康形成何種典型危險。但如果在食安法中加上「足生他人生命身體健康之損害」，即可藉助「足生損害」此一要件，以進一步評價個案中是否存在一個具體的危險行為，但此等判斷，僅是對於「損害適合性」的危險判斷，不因此就讓食品衛生法變成具體危險犯[48]。

本文認為適性犯是一種有別於抽象危險犯與具體危險犯的立法模式，一般而言，其行為之危險性理應與具體危險犯一樣低於抽象危險犯之危險行為。抽象危險犯之危險行為因為具有極高的危險性，故只要為該危險行為，立法者即可於事前（即立法時）將其定性為一種犯罪行為，而不再於事後論究其在具體個案中是否確有造成法益之損害或危

---

[46] 蔡蕙芳，妨害電腦使用罪章：第一講：保護法益與規範功能，月旦法學雜誌，第126期，2013年，頁71-72。

[47] 王皇玉，跟蹤糾纏行為之處罰：以德國法制為中心，台大法學論叢，第47卷第4期，2018年12月，頁2374-2375。

[48] 古承宗，刑法作為保障食品安全之手段：兼評彰化地方法院100年矚易字第1號判決、台灣高等法院台中分院101年度矚上易字第295號判決，台灣法學雜誌，第261期，2014年，頁81。

險。具體危險犯之危險行為因為相較於抽象危險犯之危險行為，其危險性相對較低，故如要將這種危險性相對較低之危險行為予以入罪化，則除了為該危險性相對較低之危險行為之外，尚須透過某種條件限制來限縮此種危險性較低之危險行為的刑罰範圍。其採取的方法就是限定其必須在具體個案中確有製造或提高一定程度之法益危險或損害結果，如此，將其入罪化才有合理性，也因此，具體危險犯必須在個案中有發生具體危險的結果才足以成罪。亦即藉此具體危險的結果來限縮其危險性相對較低之危險行為的刑罰範圍，以使其刑罰具有正當性而不致於過於寬泛。

相同的道理，適性犯也因其行為危險性低於抽象危險犯，故在立法上，也須透過某種條件限制來限縮此種危險性較低之危險行為的刑罰範圍，只是其方法不像具體危險犯那樣限定其必須在具體個案中確有製造或提高一定程度之法益危險或損害結果，而是從行為上限定其必須是具有「適合於」或「足以」造成某種法益損害結果的危險行為類型始可成罪。其一方面不必如具體危險犯那樣須有具體危險結果之發生，而只要行為滿足構成要件所描述的危險特徵即可成立。另一方面則藉由「適性」的行為特性來限定危險行為的類型，亦即行為必須存在規範所要求的特定危險性質，並滿足構成要件所描述的危險特徵，藉此來篩選對構成要件該當具有重要性的行為或事實狀況，使之較抽象危險犯之危險行為之範圍更為限縮，亦即僅限於「適合於」或「足以」造成構成要件所描述之法益損害結果之危險行為始屬該當，這一點，與抽象危險犯不同。至於在實際個案中是否果真已造成法益損害或危險的結果，則在所不問。就這一點而言，則與具體危險犯不同。

本罪第1項第1款至第8款之跟蹤騷擾行為是否具有「足以」或「適合於」影響被害人之日常生活或社會活動，於認定上似乎可以就行為人實施跟蹤騷擾行為的方式、頻率、次數、持續時間、密度，以及這些跟蹤騷擾行為與被害人精神壓力之產生具有時間上的密接性等，一併判斷。亦即，在客觀上，一般人在受到這樣程度、方式的跟蹤騷擾行為時，是否也會感受到相當的精神壓力，而足以影響其日常生活或社會活

動。如能獲得肯定的答案，即可認為是足以影響其日常生活或社會活動的行為。

　　總之，本罪只要評估跟蹤騷擾行為在客觀上，是否「適合於」對被害人原本之日常生活或社會活動造成影響即可，至於事實上是否有此等結果發生，則非所問。

(二)主觀不法構成要件

　　行為人在主觀上必須具備跟蹤騷擾等行為之故意，而為本罪之行為，始足以構成本罪。否則，行為人若欠缺構成要件故意，縱然在客觀上有跟蹤騷擾等行為，亦不成立本罪。本罪跟蹤騷擾等行為之故意，不以直接故意為限，間接故意亦足以構成本罪。亦即行為人必須對於客觀不法構成要件之各個情節已有認識，並決意為之，或有聽任其發生之心意趨向，始具備本罪之不法構成要件故意。

　　總之，行為人對於其以人員、車輛、工具、設備、電子通訊、網際網路或其他方法，對特定人為第3條第1項所列八款行為，及其行為係違反被害人意願，且與性或性別有關，足以使被害人心生畏懼，進行影響其日常生活或社會活動等情節都已有認識，並進而決意反覆持續行之或聽任其發生，始在主觀上具備本罪之不法構成要件故意。

二、加重跟蹤騷擾罪

　　行為人犯上述之跟蹤騷擾罪時，如攜帶凶器或其他危險物品，則構成本條第2項之加重跟蹤騷擾罪。所謂凶器，係指足以對人的生命、身體或安全構成威脅，具有殺傷性、危險性的器械。凶器的種類並無限制，只要客觀上足以對人的生命、身體、安全構成威脅，具有危險性的凶器均屬之，例如刀、槍等即是。所謂其他危險物品，係泛指與凶器一樣具有危險性之物品，例如爆裂物、毒物、腐蝕性物等即是。

　　行為人只須於實行第1項跟蹤騷擾行為時攜帶此等凶器，即為已足。且只要攜帶即可，並不以攜帶之初即具有據之以行凶的意圖為必

要。行為人因攜帶凶器，以致於跟蹤騷擾中有可能持之以行凶，而在客觀上具有危險性，即足以構成本項之加重跟蹤騷擾罪。

行為人主觀上有無持以行凶之意思，則非所問。但其必須是為了跟蹤騷擾之目的攜帶凶器，始足以構成本項的加重跟蹤騷擾罪。至於攜帶凶器之行為人在跟蹤騷擾中有無使用凶器，則非所問。

三、告訴乃論

本條第3項規定：「第一項之罪，須告訴乃論。」故第1項之跟蹤騷擾罪須告訴乃論，但第2項之加重跟蹤騷擾罪，則不在此限。

四、調取通信紀錄之例外

本條第4項規定：「檢察官偵查第一項之罪及司法警察官因調查犯罪情形、蒐集證據，認有調取通信紀錄及通訊使用者資料之必要時，不受通訊保障及監察法第十一條之一第一項所定最重本刑三年以上有期徒刑之罪之限制。」換言之，檢察官偵查第1項之罪及司法警察官因調查犯罪情形、蒐集證據，認有調取通信紀錄及通訊使用者資料之必要時，即得依通訊保障及監察法第11條之1規定之程序，調取通信紀錄及通訊使用者資料。

肆　爭議問題

一、將跟蹤騷擾行為處以刑罰是否具有正當性？其保護的法益為何？

本條將跟蹤騷擾行為予以犯罪化，並處以一年以下有期徒刑、拘役或科或併科新臺幣10萬元以下罰金。德國在2007年增訂刑法第238條跟蹤糾纏罪，並於2017年修正之。

儘管如此，德國學說上仍有不少質疑的聲音。有認為此等行為以刑

法處罰，其保護法益為何，並不明確；也有質疑就算要制定，也應該以跟蹤糾纏行為已經嚴重影響被害人的生活形成才能處罰，輕微的跟蹤騷擾行為，不應該用刑法處罰；有認為對於跟蹤糾纏罪的保護法益，應該與恐嚇罪一樣，是一種精神上尋求安心感覺之保護，也就是一種免於恐懼的自由，然而此種極為概括的免於恐懼的自由，是否可能藉由刑法手段來達成目的，也就是刑法手段是否具有「合目的性」，是很有疑問的。有質疑此等跟蹤糾纏行為的「需罰性」，認為所謂糾纏跟蹤都是相對輕微的干擾，如果出現嚴重到以殺人、傷害、強制、恐嚇、侵入住宅、毀損財物等行為方式，其實刑法已足以制裁，相較於此，如果只是製造心靈不安，則目前刑法上對於製造他人精神上不安，其性質上是否屬法益侵害，仍有疑問。此外，亦有認為此等保護免於恐懼的手段，以民事保護令罪與警察法有效地執行與介入，即已足夠，甚至如此做法才是有效的防範方式，故制定新的法規必要性並不充足[49]。

　　本罪是規定在跟蹤騷擾防制法第18條，在我國刑法中並無相類似之條文。德國刑法第238條跟蹤糾纏罪是被置於妨害個人自由罪章中，對於本罪之保護法益，主要係「個人生活領域」之保護。然而，於此一個人生活領域背後所進一步保護之個人權利或利益為何，仍有爭論。有認為其在廣義來說乃保護個人自由，有認為亦保護社會溝通領域此一個人生活表現與自由實現的重要條件，另有認為其背後更廣泛地保護身體與心理完整性、持續性的活動自由、決定與行動權、資訊自我決定權、免於恐懼自由、名譽權等個人法益甚至及於個別的法和平性[50]。另外，有認為本罪類似恐嚇罪一樣，是對於個人享有免於恐懼的自由之保護，此說見解認為，本罪是一種對被害人精神上安心感的保護，此等對感覺的保護，也就是保護被害人內在的安寧與平和。也有認為本罪之保護法益除了「安心」之外，尚包含「自由」，也就是個人的行動自由與意思

---

[49] 以上有關德國學說上之質疑，參照王皇玉，跟蹤糾纏行為之處罰：以德國法制為中心，台大法學論叢，第47卷第4期，2018年12月，頁2370-2371。

[50] 陳俊偉譯，甘添貴、林東茂主編，德國刑法翻譯與解析，五南，2018年3月，初版，頁513。

定自由之保護，因為跟蹤騷擾行為往往迫使被害人必須改變生活方式或變換住所[51]。

　　總之，儘管本條已將跟蹤騷擾行為犯罪化而處以刑罰，然而，其刑罰之正當性及其所保護的法益為何，在立法時所參考之德國，仍然存在相當之爭議。

二、於反覆之跟蹤騷擾行為中，只要有一次攜帶凶器或危險物品，即構成第2項之加重跟蹤騷擾罪，還是須反覆攜帶凶器或危險物品，始構成第2項之加重跟蹤騷擾罪？

　　攜帶凶器或其他危險物品犯跟蹤騷擾罪者，構成本條第2項之加重跟蹤騷擾罪。由於跟蹤騷擾罪依第3條第1項之規定須「反覆」為之始能成立。如此，攜帶凶器或其他危險物品是否也須於為跟蹤騷擾行為時，有反覆攜帶凶器或其他危險物品，始構成本條第2項之加重跟蹤騷擾罪？還是只須有一次以上攜帶凶器或其他危險物品，即構成加重跟蹤騷擾罪？又，攜帶凶器或危險物品是否必須有與被害人接觸或接近之情形？

　　本文以為因第3條第1項所規定之各款行為，行為人未必與被害人有接觸或接近，如行為人未與被害人有接觸或接近，則即使行為人身上帶有凶器或危險物品，在客觀上也未必具有更高的危險性，故所謂攜帶凶器或危險物品，應僅限於與被害人有接觸或接近之情形下攜帶凶器或危險物品，始可認為具備攜帶凶器或危險物品之條件。至於未與被害人有接觸或接近之情形下，縱然有攜帶凶器或危險物品，亦不具備本條第2項攜帶凶器或危險物品之條件。故所謂攜帶凶器或危險物品，雖未必要每一次為跟蹤騷擾行為時，都有攜帶凶器或其他危險物品，但至少須是於與被害人有接觸或接近時，攜帶凶器或危險物品，並經整體評價而可認為屬攜帶凶器或危險物品犯之者，始構成第2項之加重跟蹤騷擾罪。

---

[51] 王皇玉，跟蹤糾纏行為之處罰：以德國法制為中心，台大法學論叢，第47卷第4期，2018年12月，頁2378。

三、以「知悉」特定人行蹤為本罪之客觀不法構成要件要素之一，是否妥當？

本條所謂「實行跟蹤騷擾行為」，包括本法第3條第1項第1款之「知悉」特定人行蹤。亦即本款係以「知悉」特定人行蹤為客觀不法構成要件要素之一。由於「知悉」特定人行蹤，屬行為人主觀之內心認知狀態，以此內心之認知狀態作為客觀不法構成要件要素，乃是將行為人的內心認知當作犯罪行為來施以刑罰。然而，一個人的內心活動，包括知悉在內，只要沒有驅動這個人透過其客觀外在的行為表現出來或去做某件事，無論如何都不會造成公眾或他人的法益損害。如此，這種屬於行為人內心活動狀態的「知悉」，不應成為刑罰的對象。本罪將「知悉」特定人行蹤當作客觀不法構成要件要素之一，已然不當的擴張刑罰之範圍，應予刪除為宜。

第19條（違反保護令罪）

違反法院依第十二條第一項第一款至第三款所為之保護令者，處三年以下有期徒刑、拘役或科或併科新臺幣三十萬元以下罰金。

壹　立法理由

本條是為了確保法院依本法第12條第1項之規定所核發之保護令的拘束效力，而以三年以下有期徒刑、拘役或科或併科新臺幣30萬元以下罰金之刑罰來作為擔保。規定違反保護令者，科處上開之刑罰。

貳　相關法條

日本糾纏行為規制法第19、20條之規定與本條之規定相近似，茲將其臚列如下，以供比較參考。

　　第19條：「違反禁止命令等（限於第5條第1項第1款有關者，以下同）而為跟蹤騷擾行為（ストーカー行為）者，處二年以下有期徒刑或200萬日圓以下罰金。

　　除前項規定之行為外，以違反禁止命令等而以實施纏擾（つきまとい）等或為未經同意之取得位置資訊等方法，為跟蹤騷擾行為者，亦同。」

　　第20條：「除前條規定者外，違反禁止命令等者，處六個月以下有期徒刑或50萬日圓以下罰金。」

　　於此需特別指出者，是上述日本糾纏行為規制法第19條之違反禁止命令罪，並非單純以違反禁止命令為不法構成要件，而是除了違反禁止命令之外，尚須再為跟蹤騷擾行為，始足以成立該罪。即使如此，其法定刑仍僅處以二年以下有期徒刑或200萬日圓以下罰金。而其第20條為未再為跟蹤騷擾行為之違反禁止命令罪，其法定刑為六個月以下有期徒刑或50萬日圓以下罰金。在2017年修正提高法定刑之前，其法定刑則僅處50萬日圓以下罰金。

　　我國本條僅單純規定違反保護令，是否有再為跟蹤騷擾行為，在所不問，亦即對於違反保護令並未區分有無再為跟蹤騷擾行為，其法定刑均一律處三年以下有期徒刑、拘役或科或併科新臺幣30萬元以下罰金。由於違反保護令而有無再為跟蹤騷擾行為，其不法內涵有顯著不同，理應予以分別規定。日本上述規定，似有值得借鑑參考之處。

參　解說

　　本條規定：「違反法院依第十二條第一項第一款至第三款所為之保護令者，處三年以下有期徒刑、拘役或科或併科新臺幣三十萬元以下罰金。」是為違反保護令罪。本罪之構成要件是行為人故意違反法院依第12條第1項第1款至第3款所為之保護令，亦即行為人只要故意地違反法院依上開規定核發之保護令，即足以構成本罪。據此，有關違反保護令罪之客觀及主觀不法構成要件，析論如下：

一、客觀不法構成要件

(一)違反保護令

　　行為人在客觀上必須已違反法院所核發之保護令，始足以構成本罪。法院所核發之保護令須為依本法第12條第1項第1款至第3款之規定所核發之保護令，如係依同條項第4款之規定所核發之保護令，縱有違反，亦不足以構成本罪。

　　本法第12條第1項第1款至第3款之規定為：1.禁止相對人為第3條第1項各款之跟蹤騷擾行為之一，並得命相對人遠離特定場所一定距離；2.禁止相對人查閱被害人戶籍資料；3.命相對人完成治療性處遇計畫。保護令須就上述三款中之任何一款或數款命行為人遵守之。經法院核發此保護令後，行為人對於保護令所指定之任何一項，須有違反，始可能構成本罪。

　　如法院所核發之保護令係依第1款之規定，禁止行為人為第3條第1項各款行為之一，則行為人須有再為第3條第1項各款行為之任何一種行為，始足以構成本罪。所謂第3條第1項各款行為之一，只須為該條項各款行為之任何一款之任何一種行為即可，不必同一款之各種行為均已實行。例如：只須再為該條項第1款之跟蹤被害人行蹤，即可認為違反保護令，而成立本罪。如法院於保護令中同時命相對人遠離特定場所一定距離，則行為人須在客觀上違反該命令而未遠離該特定場所一定距離，始屬違反保護令。如法院未為此命令，自無遠離特定場所之問題。

　　法院核發之保護令如係依第2款之規定，禁止相對人查閱被害人戶籍資料，則行為人須在客觀上有查閱被害人戶籍資料之行為，始足以成立本罪。如依第3款之規定，命相對人完成治療性處遇計畫，則因此命令係命相對人須積極的完成治療性處遇計畫，亦即相對人負有積極作為之義務，故相對人須在客觀上消極的不作為，而未完成治療性處遇計畫，始足以構成本罪。

(二)空白構成要件之補充——保護令與治療性處遇計畫

在具體個案中，保護令究竟指定哪一款或數款？如指定第1款，有無命相對人遠離特定場所一定距離？如有，究係命行為人遠離何特定場所？多遠距離？如指定第3款，其治療性處遇計畫之內容為何？等等有關保護令所載之內容為何？亦即在具體個案中保護令實際課予行為人須負何種義務？則是委由法院就本法第12條第1項第1款至第3款之規定決定。甚至有關同條項第3款之治療性處遇計畫，更須待主管機關或治療處遇計畫執行機構就行為人之精神、心理狀況評估後訂定具體之治療性處遇計畫。凡此都是將本罪之構成要件的一部或全部，委由法院及行政機關或治療處遇計畫執行機構補充，而屬空白構成要件的一種。

為了貫徹法治國原則，國家對於刑事制裁的規定理應符合罪刑法定原則。如有授權補充犯罪之構成要件，因刑罰法規關係人民生命、自由及財產權益至鉅，故其授權明確性即應受到嚴格的審查。

立法機關以委任立法之方式，授權核發命令，以為法律之補充，雖為憲法所許，惟其授權之目的、內容及範圍應具體明確。授權條款之明確程度，則應與所授權核發之命令對人民權利之影響相稱。刑罰法規關係人民生命、自由及財產權益至鉅，自應依循罪刑法定原則，以制定法律之方式規定之。法律如有授權其他機關為補充規定犯罪之構成要件時，須自授權之法律規定中得預見其行為之可罰性，其授權始為明確，方符刑罰明確性原則[52]。

本條作為犯罪之構成要件的保護令，尤其是依第12條第1項第3款所為之保護令，其有關命相對人須完成之「治療性處遇計畫」，內容為何？完全委由法院乃至於主管機關或處遇計畫執行機構依個案指定或決定。由授權之母法，無從預見何種作為或不作為有受處罰之可能，而必須從法院所核發之保護令乃至於主管機關或處遇計畫執行機構所訂定之治療性處遇計畫中始能確知，因此不得不認為其授權不明確，而有違反

---

[52] 大法官釋字第522、680號解釋及理由書。

罪刑法定原則之虞。再者，完全由法院及主管機關或處遇計畫執行機構來決定犯罪的構成要件，也有牴觸權力分立原則的疑慮。

其次，有關本罪所保護之法益為何？尤其是違反保護令所指定之第12條第1項第2款（禁止相對人查閱被害人戶籍資料）及第3款（命相對人完成治療性處遇計畫），其所保護之法益為何？並不明確；又此等行為造成何種法益受侵害到何種程度，亦不明顯。在所保護之法益不明確及法益侵害之程度甚微的情形下，其法定刑為處三年以下有期徒刑、拘役或科或併科新臺幣30萬元以下罰金，是否過苛？而有違反憲法比例原則之虞，不無疑問。容於爭議問題中討論之。

(三)禁止查閱被害人戶籍資料之違反問題

保護令禁止相對人查閱被害人戶籍資料時，行為人須違反保護令所禁止之查閱被害人之戶籍資料，始足以成立本罪。

所謂查閱被害人戶籍資料，究竟是只要一有查閱行為即足以構成本罪；還是結果尚須獲閱被害人戶籍資料，始足以構成本罪？此與本罪究為「行為犯」還是「結果犯」有關。從法條之文義，似乎不易得到確切的解答。

又，所謂查閱被害人之戶籍資料，是否僅限於向戶政機關申請調閱戶籍資料？還是如果被害人先前曾因某種原因而將其戶籍資料（例如戶籍地址、出生年月日）交付行為人時，此禁止查閱戶籍資料之保護令，也包括查閱行為人自己所留存之先前由被害人所交付之戶籍資料？如包括後者，因該資料於法院核發保護令之前，即為行為人所持有支配之資料，原本即得自由閱覽，以保護令禁止其查閱，而於其有查閱行為時將其入罪科處刑罰，顯然過度限制行為人之財產權，且在偵查上要發現此種情形也十分困難。故在解釋上，應不包括查閱行為人自己所留存之先前由被害人所交付之戶籍資料。

如所謂查閱被害人之戶籍資料僅限於前者，因申請查閱戶籍資料須由本人或戶長或其受委託人始得申請，且是否准許申請查閱，戶政機關

尚有准駁之權。行為人既經法院核發禁止查閱被害人戶籍資料之保護令，自應通報戶政機關加以管制。如此，行為人縱使欲申請查閱，也因已受管制查閱而幾無可能獲閱被害人之戶籍資料。

於此種情形，如將本罪認為是結果犯，則因其行為幾無可能達到構成要件所要求之結果，而難以成立本罪。如行為人以冒名、偽造申請書、印章等不法之方法申請查閱，則刑法已另有偽造文書、印章、印文及其行使等相關各罪可資禁止，本款存在之意義為何？亦令人生疑。

如認為本罪是行為犯，行為人只須一提出申請查閱被害人戶籍資料，即足以構成本罪。然而，這樣的申請查閱行為，尚未造成任何法益之損害，至多只可能造成被害人之個人資料有被揭露之危險，或有進而再跟蹤騷擾被害人之危險。如此一來，本罪就會成為危險犯，而且是抽象危險犯。然而，抽象危險犯之前提條件是該犯罪行為本身須對於造成法益損害之危險性極高，才可以不必檢驗其結果是否造成法益之具體危險，而於立法時事前判斷其危險性。本罪之申請查閱戶籍資料行為，實際上因申請調閱戶籍資料之相關法規規定，須由本人或戶長或其受委託人始得申請，且行為人已經法院核發禁止調閱被害人戶籍資料之保護令而受戶政機關管制申請調閱，其獲閱被害人戶籍資料之危險性可謂甚低，並未造成何種法益損害之高度危險。因此，將本罪認為是抽象危險犯（有將其歸類為行為犯之一種），則有不當擴大刑罰的範圍，而有違反憲法上之比例原則之虞。

其次，所謂查閱，意指查看；所謂戶籍資料，係包括姓名、住址等。查閱被害人之戶籍謄本等資料，固然是查閱戶籍資料，沒有問題。行為人至被害人住居所門口查看，是接近被害人住居所之行為，也沒有問題。但此查看被害人之住居所是否亦可認為是查閱戶籍資料之行為？則有疑問。提出此問題，是因為如果法官核發之保護令是禁止查閱被害人戶籍資料，行為人未前往戶政機關申請查閱被害人戶籍資料，但有跟隨被害人到住居所門口查看之行為，是否也屬違反禁止查閱被害人戶籍資料之保護令，而該當本款之構成要件？本文認為在解釋上，此種情形應認為不該當本款之構成要件，否則，在跟隨被害人到住居所，或在其

住居所門口盯梢、守候之行為，將等同於查閱被害人戶籍資料，而使本款規定與第1款未能清楚區分。

(四)完成治療性處遇計畫之違反問題

保護令命相對人完成治療性處遇計畫時，行為人須消極的不作為，而未完成治療性處遇計畫，始足以構成本罪。本罪行為人未積極的完成治療性處遇計畫，究竟造成何種法益受侵害到何種程度，並不明顯。

完成治療性處遇計畫之保護令，其所命行為人完成者是對其自己之治療性處遇計畫，既然是治療性處遇計畫，當然必須是行為人有治療之需要，而治療是以有身體或心理疾病為前提。基於個人身體的自主權，病人對於其身體或心理之疾病，固有自主決定接受治療或不接受治療之權利。除非病人拒絕接受治療可能危及他人安全或健康時，法律始得基於保護他人安全或健康，限制病人之自主決定權，而強制病人接受治療或隔離，例如罹患傳染病防制法規範之傳染性疾病、精神衛生法規範之精神疾病等。

實行跟蹤騷擾之行為人如有身體或心理疾病而需接受治療，為了被害人或其他人之安全，雖然可以法律規定，強制病人接受治療或隔離。但刑罰乃是對於過去犯罪行為之處罰，行為人如已滿足第18條跟蹤騷擾行為罪之構成要件，自得依第18條之規定處罰；如未構成該罪，而僅符合第12條核發保護令之條件，而經法院核發「命行為人完成治療性處遇計畫」之保護令，亦即在行為人尚未犯罪之前，拒絕接受治療性處遇計畫，即科處三年以下有期徒刑、拘役或科或併科新臺幣30萬元以下罰金，是否過苛，而有違反憲法比例原則之虞，不無疑問。

二、主觀不法構成要件

本罪為故意犯，行為人必須對於其受法院核發保護令已有認知，且對於保護令之禁止或誡命之內容也有認知，卻仍決意違反該保護令之禁令或誡命，始具備本罪之故意。本罪之故意不以直接故意為限，間接故

意亦包括在內，故行為人明知受有保護令之拘束，仍有聽任其行為違反保護令之心態，亦足以構成本罪。

 爭議問題

一、對於違反保護令禁止查閱被害人之戶籍資料者，造成何種法益之損害？對此行為處以最高三年以下有期徒刑之刑罰，是否違反比例原則？

本條對於違反法院依本法第12條第1項第2款規定核發之保護令者，科處三年以下有期徒刑、拘役或科或併科新臺幣30萬元以下罰金之刑罰，是為了預防行為人透過查閱被害人戶籍資料而得知被害人之住居所等相關個人資料，進而對被害人實施第3條第1項各款之跟蹤騷擾行為或其他侵害被害人之行為。換言之，此規定是用以預防跟蹤騷擾或其他侵害行為。

其行為本身只是跟蹤騷擾之前階段預備行為，而尚未著手實行跟蹤騷擾，故對於跟蹤騷擾罪所要保護之自由或身心健康法益尚未造成實害，至多只是造成侵害此等法益之危險。基此，將違反此禁令者予以犯罪化而處以刑罰，是將犯罪之構成要件提前到預防跟蹤騷擾的預備階段，而擴大了刑罰的範圍。

再者，如果比較其他嚴重侵害重要法益之罪的預備犯，例如侵害生命法益之殺人罪，其預備犯處二年以下有期徒刑；嚴重侵害自由及財產法益之強盜罪，其預備犯處一年以下有期徒刑、拘役或9,000元以下罰金。本罪所要預防的跟蹤騷擾罪，其所要保護之自由或身心健康之法益侵害程度，沒有比上述殺人罪、強盜罪來得嚴重，這一點是可以肯定的。然而，本罪將刑罰的範圍擴大到預備階段，且其法定刑提高到三年以下有期徒刑、拘役或科或併科新臺幣30萬元以下罰金之刑罰這種程度，顯然與罪刑相當原則有悖，而違反憲法上之比例原則。

二、對於違反保護令而未完成所命應完成之治療性處遇計畫者，其造成何種法益之損害？對此行為處以最高三年以下有期徒刑之刑罰，是否違反比例原則？

首先，本罪之不法構成要件是違反了保護令所命應完成治療性處遇計畫之義務，也就是以違反作為構成要件前提之刑法外的特別義務（即完成治療性處遇計畫）為不法構成要件，而屬義務犯的類型。這種義務犯類型的罪是以違反義務為核心的罪，特別是以違反刑法外的特別義務（積極的作為義務）為核心的罪。這一點，有認為這種義務犯的類型是將處罰的範圍做了不當的擴張。其主要是基於如下之思考：

(一)誡命是要求特定人出於特定作為的命令，而禁止則只是遮斷一定的作為，除此之外，其要如何作為都是自由的。換言之，在遵守「不得積極侵害」之禁止規範時，被規範者仍然保有無限多的其他作為的可能性。相對地，在遵守「應幫助他人」之誡命規範時，則是排斥了無限多的其他作為的可能性。可見透過禁止規範或誡命規範來限制個人的自由行動範圍，其對自由限制的程度不同。禁止規範以消極的不作為義務為內容，而誡命規範則是以積極的作為義務為內容。消極義務與積極義務的區別，與違反此等義務之作為和不作為的區別是一致的。故積極的作為義務比起消極的不作為義務，其限制自由的程度更為強大。命令為一定作為之誡命規範，其限制個人的自由行動範圍，至少是超出了以禁止一定作為來限制自由的這種最小限度的制約。所以成為處罰對象的行為，原則上必須是積極的作為才行，也就是消極的不作為原則上不應作為刑法處罰的對象[53]。

(二)刑法的目的在於維護國家及人民的權利，所謂犯罪行為乃是侵害權利的行為。在自由主義社會，以「不得侵害他人自由」為本質的消極義務（不作為義務）可以是刑法上的義務，而「應幫助他人」這種為了他人幸福的積極義務（作為義務）則未必可以。消極的不作為義務與

---

[53] 平山幹子，義務犯について(二)，立命館法學，2000年第5號（第273號），頁207，http://www.ritsu-mei.ac.jp/acd/cg/law/lex/00-5/hirayama.htm，瀏覽日期：2022.3.30。

積極的作爲義務的區別，是禁止規範和誡命規範，其所對應者是以作爲（不作爲義務）與不作爲（作爲義務）來違反規範的區別，在這樣的前提下，所謂的刑事不法，原則上應是透過作爲來違反消極的不作爲義務所構成的。「應幫助他人」這樣的積極的作爲義務是屬於道德上的義務，只有在有「特別的法律上根據」時，違反積極作爲義務的不作爲才可以和作爲一樣成爲刑法中可罰的行爲[54]。

　　本法第12條第1項第3款命令行爲人接受對自己之治療性處遇計畫，既不是禁止侵害他人，也不是被課予幫助他人的命令，縱有違反，既沒有侵害他人，也沒有違反幫助他人的命令，而是放棄對自己的治療，其性質有點像開車不繫安全帶。說到底，其終究是行爲人個人的自由。雖然此未必不能認爲是透過對自己之治療以達到預防侵害他人，也就是屬於「要幫助他人」的誡命，而此終究是課予刑法以外之特別義務，是將不法構成要件往前移置到道德的違反，而有不當擴大刑罰範圍之嫌。

　　再者，如認爲本款是爲了預防行爲人因未完成治療性處遇計畫，而繼續對被害人實施第3條第1項各款之跟蹤騷擾行爲或其他侵害被害人之行爲，亦即爲了預防跟蹤騷擾或其他侵害行爲，則將違反此命令而未完成治療性處遇計畫者予以入罪化並科處刑罰，乃是將犯罪之構成要件提前到預防跟蹤騷擾階段。換言之，刑罰不是被用來處罰過去的跟蹤騷擾行爲，而是用來預防未來的跟蹤騷擾行爲，而且其法定刑最高處三年以下有期徒刑，得併科新臺幣30萬元以下罰金。將刑罰的範圍擴大到這種程度，似乎也與刑法謙抑原則有悖，而有違反憲法上比例原則之虞。

第20條（不公開審理）

法院審理前二條犯罪案件不公開。

---

[54] 平山幹子，義務犯について(二)，立命館法學，2000年第5號（第273號），頁207以下，http://www.ritsumei.ac.jp/acd/cg/law/lex/00-5/hirayama.htm，瀏覽日期：2022.3.30。

壹 立法理由

由於犯本法第18條或第19條之罪，均涉及性或性別，立法者為保障當事人之隱私，乃參考性侵害犯罪防治法第18條之規定，明定此類案件於法院審理時不公開行之。

貳 解說

不公開審理，是指法院在進行訴訟活動時，依據法律規定或其他正當事由，對案件不進行公開審理的司法審判制度。公開審理是刑事訴訟的一項基本原則，對於維護司法公正、保護被告的合法權益具有極其重要的意義。

為了使司法審判公正，強化審判之公信力，讓社會大眾相信法院公正無私，審判獨立，並防止審判人員與當事人勾結舞弊，造成審判不公，法院在審理案件時，原則上是採公開審理的方式，允許人民自由聆聽訴訟案件之進行。但特定案件如涉及國家或公務機密，或涉及當事人或第三人之隱私或秘密時，得密行審理。故法院組織法第86條規定：「訴訟之辯論及裁判之宣示，應公開法庭行之。但有妨害國家安全、公共秩序或善良風俗之虞時，法院得決定不予公開。」第87條規定：「法庭不公開時，審判長應將不公開之理由宣示。前項情形，審判長仍得允許無妨礙之人旁聽。」簡言之，司法審判以公開為原則，不公開為例外。

所謂公開審理，是指法院開庭審理案件的過程和判決的宣示，都公開進行，允許人民旁聽、記者採訪、公開報導。也就是說，法院開庭審判案件，其整個審判程序，包括證據調查、法律辯論及判決宣示等，均公開進行，不僅對當事人和其他訴訟參與人公開，而且對一般社會大眾公開。所以，公開審理應理解為包括整個訴訟程序，自始至終的全部過程公開，只要不妨害國家安全、公共秩序或善良風俗，均應公開、透明。

　　法院之所以採公開審理原則，主要是基於以下幾點理由：

一、確保審判的公正：法院審理案件，藉由公開審理的方式，讓法官在眾目睽睽之下進行審判，一方面可以防止審判人員與當事人勾結舞弊，另一方面也有利於人民對法院的監督。

二、樹立司法的威信：即透過審判的公開，在法庭上查明事實、辯明是非，樹立法院公正的形象。所有的事實都由證據證明，當事人提出的證據均必須在法庭上進行公開查證核實之後，才能作為認定事實的證據，並經由當事人在法庭上對質、詰問證人、進行事實及法律的辯論，以澄清事實及辯明法律的規範意義。使人民相信法院確實是依據法律，公正而獨立的審判，進而樹立司法的威信。

三、滿足人民知的權利：國家既然實施民主法治的制度，就應賦予人民知的權利，讓人民可以知道與自己及公共事務有關的資訊，以便參與公共事務，並監督政府。是以，在現代民主法治國家，實行公開審理也是人民對審判活動的知的權利的一環，人民既然享有對司法的監督權，就應享有了解訴訟過程及結果的權利。基此，司法機關有義務滿足人民對審判的知的權利。

　　不公開審理，是「公開審理」的對稱。即法院不在公開場合審判案件，對訴外的第三人不公開，不允許旁聽及記者採訪、報導的審判方式。法院採取不公開審理，主要是因為在特殊情形下，公開審理可能對當事人造成負面影響，不利於保護當事人的合法權益，甚至可能對國家、社會、第三人之利益造成重大損失。例如：為了避免於審判過程中對被害人造成二度傷害，性侵害犯罪防治法第18條規定：「性侵害犯罪之案件，審判不得公開。但有下列情形之一，經法官或軍事審判官認有必要者，不在此限：一、被害人同意。二、被害人為無行為能力或限制行為能力者，經本人及其法定代理人同意。」

　　犯本法第18條或第19條之罪的案件，因涉及性或性別，立法者為保障當事人隱私，參考性侵害犯罪防治法第18條之規定，於本條規定法院審理前二條犯罪案件不公開審理。故法院於審理本法第18條跟蹤

騷擾罪及第19條違反保護令罪之案件，依本條之規定，應以不公開之
方式進行審理。

第21條（預防性羈押）

> 行為人經法官訊問後，認其犯第十八條第二項、第十九條之罪嫌疑重
> 大，有事實足認為有反覆實行之虞，而有羈押之必要者，得羈押之。

壹 立法理由

　　本條之羈押理由，係所謂之「預防性羈押」，仿自德國刑事訴訟法
之規定，德國此項羈押理由最早係於1935年修正刑事訴訟法時，在逃
亡之虞及湮滅、偽造、變造證據之虞外，又增訂再犯之虞及刺激社會
等二項羈押理由，但於1945年將後者刪除，於1950年又將前者刪除而
回復到1935年修正前之規定，惟在1964年修正時，又增訂防止再犯之
羈押理由，但僅以強姦、強迫同性戀等風俗犯為限（德國刑事訴訟法第
112條第3項）。其後1972年8月7日修正刑事訴訟法又將此羈押理由擴
大適用於許多實務上歸屬系列犯罪的案例上（德國刑事訴訟法第112a
條）。我國於民國86年修正刑事訴訟法時，引進此種預防性羈押之理
由。本條係於刑事訴訟法第101條之1第1項所列各罪之外，又增加犯本
法第18條第2項及第19條之罪，得採行預防性羈押。

貳 相關法條

　　本條與刑事訴訟法第101條之1同屬預防性羈押之規定，因此在解
釋上，應可參考刑事訴訟法上述相關規定。茲將刑事訴訟法之相關規定
臚列於次，以利參照：
　　刑事訴訟法第101條之1規定：「被告經法官訊問後，認為犯下列

各款之罪，其嫌疑重大，有事實足認為有反覆實行同一犯罪之虞，而有羈押之必要者，得羈押之：

一、刑法第一百七十三條第一項、第三項、第一百七十四條第一項、第二項、第四項、第一百七十五條第一項、第二項之放火罪、第一百七十六條之準放火罪、第一百八十五條之一之劫持交通工具罪。

二、刑法第二百二十一條之強制性交罪、第二百二十二條之加重強制性交罪、第二百二十四條之強制猥褻罪、第二百二十四條之一之加重強制猥褻罪、第二百二十五條之乘機性交猥褻罪、第二百二十六條之一之強制性交猥褻之結合罪、第二百二十七條之與幼年男女性交或猥褻罪、第二百七十一條第一項、第二項之殺人罪、第二百七十二條之殺直系血親尊親屬罪、第二百七十七條第一項之傷害罪、第二百七十八條第一項之重傷罪、性騷擾防治法第二十五條第一項之罪。但其須告訴乃論，而未經告訴或其告訴已經撤回或已逾告訴期間者，不在此限。

三、刑法第二百九十六條之一之買賣人口罪、第二百九十九條之移送被略誘人出國罪、第三百零二條之妨害自由罪。

四、刑法第三百零四條之強制罪、第三百零五條之恐嚇危害安全罪。

五、刑法第三百二十條、第三百二十一條之竊盜罪。

六、刑法第三百二十五條、第三百二十六條之搶奪罪、第三百二十八條第一項、第二項、第四項之強盜罪、第三百三十條之加重強盜罪、第三百三十二條之強盜結合罪、第三百三十三條之海盜罪、第三百三十四條之海盜結合罪。

七、刑法第三百三十九條、第三百三十九條之三之詐欺罪、第三百三十九條之四之加重詐欺罪。

八、刑法第三百四十六條之恐嚇取財罪、第三百四十七條第一項、第三項之擄人勒贖罪、第三百四十八條之擄人勒贖結合罪、第三百四十八條之一之準擄人勒贖罪。

九、槍砲彈藥刀械管制條例第七條、第八條之罪。

十、毒品危害防制條例第四條第一項至第四項之罪。

十一、人口販運防制法第三十四條之罪。

前條第二項至第四項之規定，於前項情形準用之。」

第101條之2規定：「被告經法官訊問後，雖有第一百零一條第一項或第一百零一條之一第一項各款所定情形之一而無羈押之必要者，得逕命具保、責付或限制住居；其有第一百十四條各款所定情形之一者，非有不能具保、責付或限制住居之情形，不得羈押。」

 解說

本條規定：「行為人經法官訊問後，認其犯本法第十八條第二項、第十九條之罪嫌疑重大，有事實足認為有反覆實行之虞，而有羈押之必要者，得羈押之。」其中規定行為人「經法官訊問後，認……」，即表明羈押之聲請，必須經法官審查是否具備羈押之條件，此屬程序上之要求。此外並規定行為人須「犯本法第18條第2項、第19條之罪嫌疑重大，有事實足認為有反覆實行之虞，而有羈押之必要」者，得羈押之，則表明本條羈押之條件。以下分別論述之。

一、羈押之程序──經法官訊問

所謂經法官訊問，意指羈押在程序上必須先經法官審查被告是否具備羈押之條件後，始得為羈押與否之決定。

關於法官進行羈押審查時，其得審查之事項及其範圍如何？以下分就羈押本身之審查及拘提逮捕合法性之審查論述之。

(一)羈押本身之審查範圍

羈押訊問之目的係在審查有無羈押要件之存在，以決定是否羈押被告，因此，本條所規定之羈押要件即成為羈押訊問中所應審查之事項，

也構成羈押審查之範圍。又由於羈押訊問係在審查及決定被告應否羈押，其程序應著重簡潔與迅速，故法官為羈押訊問所為之調查，原則上應以檢察官聲請所提之證據資料為判斷之依據[55]。換言之，羈押訊問本身只是為了聽取被告之辯解，法官不需要為了判斷應否羈押而積極地蒐集對被告不利的資料。[56]不過，為明確地引導被告進行辯解當然可以為適切之發問。更進一步言，由於羈押決定也是一種裁判，所以在必要時應可以為事實之調查（刑事訴訟法第222條），亦即裁定羈押之法官於必要時，可以要求被告就羈押之各個要件做某種程度地詳細供述。

具體言之，羈押理由之有無，大部分的情況僅依檢察官提出之證據資料以及聽取被告之答辯後，法官即可判斷。如檢察官所提之證據顯然不足以認定被告有相當之犯罪嫌疑，而被告又否認時，則法官不應為了補充檢察官發現真實之不足，而積極主動地調查發掘對被告不利的證據，否則，法官將是過度地介入偵查，失去法院原本應保持之公正客觀的立場。相對地，若依檢察官之證據雖可認定被告有相當之犯罪嫌疑，但被告否認時；或者被告雖犯罪嫌疑充足，但有無再犯之虞難以認定時，為求慎重羈押，法官得調查事實。不過，因羈押訊問之程序本應迅速而簡潔，故在必要之情形下所為之調查事實，亦不宜太過廣泛，而應有其一定之界限[57]。

羈押之裁定固屬於法院之職權，惟法院於為羈押審查時，關於構成羈押之犯罪事實及羈押之事由，是否受檢察官聲請羈押之具體主張所拘束？關於構成羈押之犯罪事實，由於偵查中羈押之裁判，須有檢察官之聲請，法院始得據以審查，所以法院於為羈押審查時，自應受檢察官聲請羈押之嫌疑事實所拘束，除非在同一案件之範圍內，否則法院不

[55] 陳運財，刑事訴訟法羈押制度相關條文修正草案之評議，月旦法學雜誌，第32期，1998年1月，頁83。
[56] 李錫棟，羈押審查之範圍及其具體考慮之因素，警大法學論集，第25期，2013年10月，頁72-73。
[57] 松尾浩也，刑事訴訟法（上），弘文堂，1987年，補正第2版，頁88。中西武夫，勾留質問の範圍，判例タイムズ，第24卷第14號，頁169。陳運財，刑事訴訟法羈押制度相關條文修正草案之評議，月旦法學雜誌，第32期，1998年1月，頁84。另有關事實調查之範圍、方法、程度等，可參閱奧田保，勾留の裁判と事実の取調，判例タイムズ，第24卷第14號，頁172以下。

得以異於檢察官所主張之罪名裁定羈押[58]，例如，檢察官以違反本法第18條第2項之加重跟蹤騷擾罪嫌疑聲請羈押被告，法院不得逾越此項事實之主張，認定被告加重強制性交未遂罪而予以羈押。至於羈押事由，論者有基於不告不理之原則，認為法院應受檢察官聲請羈押之事由所拘束[59]，有基於避免造成被告之同一案件遭受二次以上的聲請羈押，致過度侵害被告人身自由，認為法院只要在檢察官聲請羈押之同一案件範圍內審查有無羈押之事由，且踐行程序上之告知義務，原則上即得變更檢察官所主張之羈押事由[60]。本文以為從羈押之案件單一原則（一案一羈押原則）言，如果檢察官在同一案件之範圍內所提出之事實及證據包含了二種羈押事由（例如有再犯之虞及逃亡之虞），而檢察官只主張其中一種羈押事由（例如有再犯之虞），此時，因為羈押之聲請乃是檢察官就某一案件認為應羈押被告而向法院所提出之請求，所以只要是在同一案件之範圍內，似乎即可認為是在法院審查之範圍，故後說似乎較為妥當。但因為羈押訊問主要是在聽取被告的辯解，而不是要從被告身上獲得對其不利之資料，所以對於檢察官所未提出之涉及他羈押事由的事實及證據，法院即不應主動積極調查。

(二)拘提逮捕合法性之審查問題

於偵查中之案件，倘欲羈押被告，須經檢察官合法之聲請。所謂經檢察官合法之聲請，係指被告或犯罪嫌疑人因拘提或逮捕到場，經檢察官即時訊問後，認為有羈押之必要，自拘提或逮捕之時起24小時內，敘明羈押之理由，聲請該管法院羈押之（刑事訴訟法第93條第2項）；或被告經傳喚、自首或自行到場，經檢察官訊問後，認為有羈押之必

---

[58] 陳運財，偵查中之羈押審查—台中地院90年度訴字第1022號裁定、台灣高院91年度抗字第90號及89年度抗字第361號裁定，月旦法學雜誌，第92期，2003年1月，頁311。

[59] 張麗卿，羈押審查的決定與救濟—台開事件相關裁定評析，月旦法學雜誌，第72期，2001年5月，頁177。柯慶賢，對人強制處分，收於：刑事訴訟起訴狀一本主義及配套制度法條化研究報告（下），最高法院學術研究會叢書(七)，頁104。

[60] 陳運財，偵查中之羈押審查—台中地院90年度訴字第1022號裁定、台灣高院91年度抗字第90號及89年度抗字第361號裁定，月旦法學雜誌，第92期，2003年1月，頁311-313。

要，而予以逮捕，並將逮捕所依據之事實告知被告後，聲請法院羈押之（刑事訴訟法第228條第4項）而言。論者有基於上述規定，認為偵查中羈押被告尚須具備所謂拘提逮捕前置程序之要件[61]。

　　所謂拘提逮捕前置原則，是於法院裁定羈押之前必須先有拘提逮捕之程序，其所以必須於羈押之前先有拘提逮捕之程序，主要是為了讓羈押能受到法院雙重審查，以保障犯罪嫌疑人之人身自由。質言之，即對於起訴前之被告欲施以羈押，除於檢察官向法院聲請羈押時，由法院審查一次（第二次審查）外，於此之前，檢察官欲對起訴前之被告實施拘提或逮捕，尚須向法院聲請拘票始得為之，故於檢察官向法院聲請拘票時，已先由法院就拘束被告之人身自由審查過一次（第一次審查），「拘提逮捕前置主義」即藉由此種雙重審查以保障人民之人身自由。但依我國現行法之規定，檢察官於偵查中對於犯罪嫌疑人尚有拘提逮捕權，並不需要向法院聲請拘票，亦即「拘提逮捕前置主義」之第一次審查，法院根本沒有機會審查。如此，「拘提逮捕前置主義」之基本精神，亦即藉由雙重審查以達保障人民之身體自由的目的，將無法達成[62]。

　　儘管如此，法院得否藉由之後的羈押審查程序來檢驗檢察官先前拘提逮捕之合法性，先前之拘提逮捕如法院認為不合法，得否僅據此即駁回檢察官之羈押聲請，而不需判斷有無符合羈押之要件，不無疑問。論者有認為法院在決定是否羈押被告之際，應先行審查拘提、逮捕是否適法，而不得僅就羈押之本身是否合乎法律之規定為判斷[63]。司法裁判實務亦有認為：「法院在決定應否對被告實施羈押時，首要決定及審查者乃究竟對於被告之逮捕或拘提是否合法，如不合法，法院即不得為羈押之准許，因為基於人權之保障，拘提、逮捕前置主義係與被告、被告之

---

[61] 林永謀，論羈押，法令月刊，第49卷第8期，頁6以下。關於我國刑事訴訟法是否果真採拘提逮捕前置原則，不無爭議，相關論述，請參閱李錫棟，羈押要件之研究，中央警察大學，2011年3月，初版，頁51以下。

[62] 黃朝義，刑事訴訟法，新學林，2017年9月，5版，頁222-223。陳運財，刑事訴訟與正當之法律程序，學林，1998年9月，頁262-267，均採類似之意見。

[63] 陳運財，偵查中之羈押審查—台中地院90年度訴字第1022號裁定、台灣高院91年度抗字第90號及89年度抗字第361號裁定，月旦法學雜誌，第92期，2003年1月，頁301。

利益爲直接之結合，而非僅止於將拘提、逮捕與羈押間關係視之爲技術性之原則而已；蓋若非以此角度爲之理解，將有背於憲法層次所強調之『正當法律程序』。」[64]本文以爲爲了彌補上述現行法之缺失，並落實憲法第8條有關人身自由之法院審問制度，使人民之身體自由獲得較確實之保障，即使刑事訴訟法並無明文規定法院於審查羈押時，應先行審查拘提逮捕合法性之條文。在解釋上，毋寧認爲上述說法是值得肯認的。換言之，法院爲羈押審查之範圍應及於先前拘提逮捕之合法性，亦即法院於羈押審查時，應先審查羈押聲請前是否先經拘提或逮捕，如未經拘提或逮捕，應認爲聲請不合法而予以駁回；如經拘提或逮捕，則應進一步審查該拘提逮捕是否合於法定要件，如認爲拘提逮捕不合法，則應駁回其聲請並將被告釋放，只有先前之拘提逮捕經法院審查爲合法之後，才進行羈押本身之要件審查。

如此，法院在審查拘提逮捕之合法性時，即應審查拘提逮捕是否合乎法定要件，包括程序及實體之要件，例如於通常拘提有無拘票、拘提後有無依法定時限移送，緊急拘提或逕行拘提之要件是否具備，現行犯之逮捕是否符合現行性（或時間密接性）及明白性，關於明白性，犯人是否十分清楚明白，實行犯罪之情況是否爲「現實上存在」的狀況。發現犯人之經過、特定犯人之程度、被害人或目擊者之接觸、追蹤狀況等均可以成爲其判斷的資料，逮捕者本身所認識之情況及被害人、目擊者等之供述內容也都可以作爲其判斷的資料。[65]

二、羈押之條件

由於本條之羈押屬於預防性羈押，其僅具有保護社會安全之作用，且超越羈押以程序保全爲目的之界限，而剝奪被告之行動自由。故在適用上，應審慎而嚴格地審查所要保護的法益是否很有可能受到行爲人之威脅，僅有在爲了確保被害人所特別需要保護之法益免受高或然率之犯

---

[64] 台北地方法院91年度聲羈字第24號裁定。
[65] 李錫棟，羈押審查之範圍及其具體考慮之因素，警大法學論集，第25期，2013年10月，頁50。

罪威脅時，始得補充性地剝奪具有再犯危險之被告的自由。至於在判斷得否爲本條預防性羈押時所應審查的事項，至少包括以下三項：

(一)行爲人是否犯罪嫌疑重大

依本條之規定，欲羈押被告必須有足以懷疑行爲人已爲本法第18條第2項或第19條犯罪行爲之相當理由。換言之，欲對被告爲預防性羈押必須以被告之犯罪嫌疑重大爲前提。而所謂犯罪嫌疑重大，固係指其所犯之罪確有重大嫌疑而言，與案情重大不同。故必須有客觀之具體事實足以認爲被告「已爲犯罪行爲」之嫌疑重大。質言之，該涉有重嫌之行爲，必須是一個「程序上可追訴」、「具違法性」且「應負罪責」的犯罪行爲。是以，當該涉有重嫌之行爲具備有「程序障礙事由」、「阻卻違法事由」、「阻卻責任事由」或「阻卻刑罰事由」時，即不再被認爲係屬「嫌疑重大之犯罪」。蓋該犯罪行爲，有可能因爲一定之原因，而變爲不得追訴或不需處罰之行爲。因此，若有上述事由即足以否定被告之「犯罪嫌疑重大」[66]。總之，若無法認定被告爲犯罪行爲之正犯，或有幫助或教唆之事實時，即不得羈押被告。

其次，究應至何種程度始屬犯罪之「嫌疑重大」，理應依當時調查所得事實之整體結果，有「高度之可能性」[67]，而足以顯示被告即爲該犯罪行爲之行爲人或共犯時，才可認爲其犯罪「嫌疑重大」。亦即於裁定羈押時所必須具備之嫌疑程度，必須達到依當時調查的結果，被告有極大之可能會被判決有罪始可。

法官在決定是否羈押時，應確實對於犯罪嫌疑人或被告之涉嫌犯罪情節做可能性之檢驗，且對此涉嫌行爲之可能判決結果做預測，而後

---

[66] 靜岡地方裁判所昭和40年5月9日裁定，下級裁判所刑事裁判例集，第7卷第5號，頁1149。篠田省二，勾留の要件（住居不定・逃亡のおそれ・その他），收於：熊谷弘、松尾浩也、田宮裕編，搜查法大系Ⅱ第2編勾留・保釋，昭和63年4月，1版，頁37-38。王金龍，羈押裁量標準之研究，刑事法雜誌，第35卷第6期，頁28。

[67] 所謂「高度之可能性」係一種較「得爲有罪判決」之確信程度爲弱，而較「得提起公訴」之嫌疑程度爲強之嫌疑程度。參照吳麗琪譯，德國刑事訴訟法（譯自Claus Roxin, Strafverfahrensrecht. Ein Studienbuch, 24. Aufl. 1995），1998年11月，初版，頁408。

始做羈押與否之決定[68]。在審查被告是否涉有重大嫌疑時，法官必須以「現存的事實資料」[69]為基礎，來做對被告有利或不利之判斷。

於偵查程序中，法官應以羈押判斷時所已經存在，且已記明於卷宗中之偵查結果事實為其判斷基準。亦即法官應以偵查機關所獲得的事實資料及於羈押訊問時所獲得之事實資料為基礎形成心證，以判定被告是否有犯下該被懷疑之罪的「高度可能」。倘其心證無法形成，在不會造成程序上之拖延遲滯的前提之下，法官對檢察官所提出之證據亦得為補充調查，而且一旦肯定被告係涉有重嫌時，其所獲得之心證並不需達到確信被告已犯下該罪之程度，但必須可以認定被告涉有該犯罪事實之重大嫌疑始可。反之，經過調查證據之後，仍未能得有犯罪嫌疑之結果時，即應否定被告之嫌疑，不得再繼續妄斷被告可能有罪。於此，法院應嚴守不得介入偵查之分際，如法院已逾越檢察官提出證據之範圍，而自行蒐集調查之證據，顯已過度介入偵查，應認法院違反不告不理的精神及裁判公正，其羈押處分不適法。

於審判程序中，若判決已經諭知，縱使其尚未確定，由於是否涉有重嫌之判斷，已在判決中評價過，所以，是否涉有重嫌之判斷，原則上應受該判決之拘束。畢竟，被告有無犯罪嫌疑，相較於羈押訊問之程序，本案之審判程序才是最適合審理的程序。

羈押訊問時，必須告知被告涉嫌之案件，並聽取其辯解。關於犯罪嫌疑事實之告知，其告知之程度，應將犯罪事實的具體內容告知到使被告對該犯罪事實能夠做適切辯解之程度始可。

(二)行為人是否具備再犯之理由

羈押被告除需在客觀上有事實足認為被告有犯罪之重大嫌疑外，尚需有羈押理由，亦即須所犯為本法第18條第2項或第19條之罪，且有事

---

[68] 林山田，中德羈押法制之比較研究，政大法學評論，第34期，1986年12月，頁128。
[69] 此所謂現存的事實資料係包括書面的聲請資料、羈押訊問所獲得之資料及其他可以五官感知之現存的事實資料與訊息而言。

實足認為有反覆實施之虞，始得予以羈押。因此，法官為羈押審查時，自須審查有無具備這些羈押之事由。在判斷行為人是否具備再犯之理由時，首先必須考慮行為人所涉嫌之罪是否為本法第18條第2項、第19條所規定之罪，其次，尚須考慮客觀上有無足以認定被告有反覆實行之虞的事實。茲分述之。

1. 所犯是否為本法第18條第2項、第19條所規定之罪

所涉嫌之罪必須為本法第18條第2項或第19條所規定之罪，始得以被告有反覆實行之虞為由羈押之，犯上開以外之罪，即不得以本條預防行為人再犯為由羈押之。例如，所涉嫌之罪為本法第18條第1項之罪，即不得依本條之規定羈押被告。

2. 客觀上有無足以認定被告有反覆實行之虞的事實

被告涉有重嫌之罪，縱使經判斷係屬本法第18條第2項或第19條所規定之罪，亦不得一概認為具有羈押理由，尚須判斷客觀上有無足以認定被告有反覆實行之虞的事實。被告所涉嫌之罪是否為本法第18條第2項、第19條所規定之罪乃是就過去事實而為判斷，但有無反覆實施之虞之判斷，則是對未來的一種預測性的判斷，故僅有再犯之一般危險性，尚不能認為有再犯之虞，而須有具體客觀之事實作為判斷之依據始可。易言之，有無反覆實施之虞之判斷必須依客觀事實與個別情況加以判斷。若基於特定事實並判斷其個別情況後，足以認定被告有反覆實施之「高度可能性」，即具備「反覆實施之虞」之羈押理由。此項危險必須藉由客觀的標準，以可理解之評價方式，由特定事實中導出，而應避免用一般性概念作為標準，予以概括地判斷。

一般而言，判斷有無反覆實施之虞，至少應考慮下列幾項要素：(1)被告之心理狀況；(2)犯罪目的是否已達成；(3)被告過去是否經常或曾經犯同類型之罪；(3)其他事由，以致被告有再犯之可能性。茲分述之。

(1) 被告之心理狀況

被告如有心理疾病，尤其經精神科醫師或心理醫師鑑定認為有嚴重之強迫性心理疾病，應可認為是肯定有反覆實施之虞之要素。此等被告不一定要有前科紀錄，而只要可預測有可能繼續違犯相同犯罪行為，即為已足。

(2) 犯罪目的是否已達成

倘被告所犯之罪，有強烈之犯罪動機或目的，此等犯罪動機或目的於犯罪後並未達成而仍持續存在於被告意志之中，應可認為是肯定有再犯之虞的要素。例如被告為了報復，企圖加害被害人而未遂，倘其對被害人懷恨甚深，以致其犯罪動機十分強烈，非達報復之目的不可，則於其達成犯罪目的之前，應認為有再犯之虞。又此等被告亦不必有前科紀錄，只要可預測其有可能繼續違犯相同犯罪行為，即為已足。

(3) 被告過去是否經常或曾經犯同類型之罪

本法所規定之跟蹤騷擾事件，以具有反覆性為要件，故在被告與被害人之關係尚未改善以前，再犯之可能性甚高，但此種情形尚應考慮被害人有無過失或挑釁之情形。

其次，若被告過去多次因跟蹤騷擾行為而被告誡或被核發保護令，甚至因犯跟蹤騷擾類型之罪而受科刑判決確定，通常可認為是肯定被告有反覆實施之可能的要素[70]。又此所謂跟蹤騷擾類型之罪，應不限於同一種行為，只需係屬同類型之行為即為已足，但所據以羈押之本案則必須為涉嫌本法第18條第2項或第19條所規定之罪。此外，被告所犯據以羈押之本案是在同類型之另一犯罪案件的保釋、假釋、緩刑中違犯，通常亦可認為是肯定有反覆實施之可能的要素[71]。

(4) 其他事由以致被告有再犯之可能性

①被告之性格

被告之性格亦可能影響再犯之可能性，例如性格上屬於低自我控制

---

[70] 參照德國刑事訴訟法第112條a第1項。
[71] District of Columbia Code § 23-1322.

能力之被告即比自我控制能力較高之被告再犯之可能性高[72]。

②被告與社會之關係

被告與社會之關係如何亦為影響再犯可能性之因素，詳言之，被告與社會之關係越密切，受社會控制的「鍵」越強，越不容易再犯；反之，被告與社會之關係越疏遠，受社會控制的「鍵」越弱，越容易再犯[73]。例如對於擁有幸福之家庭，而在老師、同學、親戚、朋友之心目中，均受到肯定的被告，因受社會控制的「鍵」較強，故在通常之情況下，比無家可歸且無親戚、朋友之被告較不易再犯。

③被告之身體狀況及年齡

被告之身體狀況及年齡亦為影響再犯可能性之因素。被告之身體狀況差或已步入中老年，在一般之情況下，應可認為其再犯之可能性比身體強健或年輕者再犯之可能性低。

於此，需強調者是上述各種考慮要素的分析僅是各別的、單項的要素分析，而各個要素的分析僅是綜合判斷的前提而已。易言之，於判斷被告有無反覆實施之虞時，應摒除主觀之判斷及法官個人好惡，針對被告及其所涉嫌之罪綜合考慮各種判斷要素之後，再做一整體性之判斷始可。亦即應將肯定有再犯之虞之要素及否定再犯之虞之要素加以比較衡量之後再做綜合判斷[74]。

(三)有無羈押被告之必要

被告經法官訊問後，雖嫌疑重大，且已具備羈押理由，仍非「非押不可」，尚須審酌有無必要性，必須具有羈押之必要性，始得羈押，如果實質上欠缺羈押之必要性，也不得予以羈押。以下就羈押必要性之內涵及在判斷時應考慮之因素分別說明之。

---

[72] 許春金，犯罪學，自版，1996年7月，增修新版，頁247以下。
[73] 許春金，犯罪學，自版，1986年5月，增訂4版，頁237以下。
[74] 李錫棟，我國預防性羈押之探討，警學叢刊，第32卷第2期，2001年9月，頁8。

1. 羈押必要性之內涵

　　羈押之必要性，其實質內涵即羈押應符合比例原則，包含「適合性原則」、「必要性原則」及「比例性原則」。所謂「適合性原則」，係指所採取之手段必須適合於達成羈押之目的。而「必要性原則」係指在諸項適合於達成羈押目的的手段中，應選擇侵害最小的手段。至於「比例性原則」則指所採取之最小侵害手段所造成之不利益不得大於採取該手段所獲得之利益。羈押被告必須符合上述三個原則，始能認為符合本條所謂「有羈押之必要」的要求。

　　是以，在審查羈押手段是否符合必要性時，首先必須要確定的是羈押之目的為何，其次才是羈押的手段是否符合羈押目的下之手段，然後應審酌羈押是否為侵害最小的手段，最後才確定羈押的手段與羈押目的間是否符合「比例性原則」。亦即於判斷有無羈押之必要時，應藉由「適合性」、「必要性」、「比例性」等三個原則來限制羈押處分。

　　詳言之，基於「適合性」原則之要求，羈押必須於內涵上能適合於預防再犯之目的，只要在功能上不能達到上述之既定目標，即無法通過此一原則之考驗。是以，法官於判斷羈押之「適合性」時，應探究該案羈押之目的何在，然後審查羈押或其他代替措施是否有助於目的之實現，必須有助於目的之達成，始符合「適合性」之要求。

　　而基於「必要性」原則之思考，羈押必須是所有可考慮之適合性手段中最溫和的手段。依此原則之要求，法官在審查羈押之際，應優先考慮合目的手段中有無其他更小侵害之措施同樣可達到羈押之目的，若侵害較小之措施即足以達其目的，自不得採行侵害較大之羈押措施。基此，法官應優先考慮限制住居、責付、具保等對被告侵害較小之手段。唯有當羈押之目的，無法藉由其他較緩和之手段來達成時，才可對被告施行羈押。換言之，羈押手段只有在作為達成目的的「最後手段」，才能被正當化。

　　再者，縱使羈押之採行已被認為係「適合」而且「必要」，基於「比例性原則」之考量，吾人尚須設定一個羈押之最後界限。亦即應

就予以羈押所獲得之利益（支持予以羈押之事由），及因羈押所造成之侵害與不利益（支持不予羈押之事由），做綜合性的比較、衡量及判斷[75]。一方面就羈押對於被告影響之輕重與不利，包括其個人與經濟上之各種情況；另一方面就可預期科處之刑罰與保安處分之輕重以及案情之輕重，而加以權衡審酌，以作爲決定羈押與否之基礎。由於此原則必須同時衡量「干涉之措施」與「干涉所追求之目標」，所以當吾人考慮過羈押所帶來之損害後，若該項措施表現出「不相當」時，此項羈押即無法通過比例原則之考驗。[76]

　　總之，只有在具有羈押之適合性、必要性、比例性，且無法以限制住居、責付、具保等方式防範被告繼續反覆實施時，始得採取羈押處分，易言之，即應優先考慮對人民自由權利較小侵害的限制住居、責付、具保等強制處分，只有在最後萬不得已時始得採取羈押手段。

2.必要性判斷之具體考慮要素

　　判斷羈押之必要性時，應分別就羈押之目的及手段，綜合案件之輕重、羈押事由之強弱、被告之狀況、偵查之進展等各種要素再進行判斷。以下擬就羈押目的之限制及手段相當性之限制，分別討論之。

(1) 關於羈押目的之限制

　　羈押之固有目的在於確保刑事訴訟程序順利進行，以使刑法規範得以實現，並藉以保障法律秩序。而本條羈押之目的則在於防止行爲人繼續反覆實施跟蹤騷擾行爲。所以，舉凡脫逸上述羈押之目的，例如爲了制裁被告、爲了訊問被告等，均不能認爲有合理正當的目的，而應否定其羈押之必要性。

①無起訴之可能性即不得羈押

　　法官受理羈押聲請時，若因欠缺訴訟條件而無起訴或處罰之可能

---

[75] 東京地方裁判所昭和45年8月21日裁定，判例タイムズ，第252號，頁238。篠田省二，勾留の要件（住居不定・逃亡のおそれ・その他），收於：熊谷弘、松尾浩也、田宮裕編，搜查法大系Ⅱ第2編勾留・保釋，昭和63年4月，1版，頁52。林山田，中德羈押法制之比較研究，政大法學評論，第34期，1986年12月，頁133。

[76] 李錫棟，我國預防性羈押之探討，警學叢刊，第32卷第2期，2001年9月，頁8。

性，例如追訴時效已完成或所有的告訴權人均已逾告訴期間，即不得認為有羈押之必要性。此種情形，即使是為了防止行為人反覆實施跟蹤騷擾行為，亦不得羈押。告訴權人是否要提出告訴之意思不明確時，一般而言，只有在告訴之可能性很高時，始可肯定羈押之必要性[77]。此外，若因案件輕微而顯然無起訴之可能性時，亦無羈押之必要性。不過，因為起訴與否之決定權在於檢察官，且起訴價值常須在完成偵查之後才能得知，故此種判斷應審慎為之。

②制裁非羈押之目的

羈押不得以制裁、教訓等有懲罰性質之效果為目的[78]，例如：不得為了安撫被害人之情緒而羈押被告，不得為了解決民事糾紛而利用羈押來逼迫被告民事賠償，因為這些情形都是以制裁為目的。

③訊問被告非羈押之目的

關於對被告之調查，雖然可以在羈押中對被告進行訊問，但因為對羈押中之被告進行訊問，只是允許偵查人員利用拘禁被告的狀態來進行調查，並非為了調查被告而拘禁被告，故羈押的目的並不包括對被告之調查[79]。

此外，原本無羈押理由及必要性之案件，不得以調查其他重大犯罪為目的而羈押被告，自不待言。即使該案件有羈押之理由，如係以調查其他重大犯罪為主要目的，也因其非本案羈押之目的，而應否定其必要性。

[77] 森岡茂，訴訟條件の欠如と搜查，收於：熊谷弘、松尾浩也、田宮裕編，搜查法大系Ⅰ第1編逮捕‧取調，日本評論社，昭和63年4月，頁252以下。篠田省二，勾留の要件（住居不定‧逃亡のおそれ‧その他），收於：熊谷弘、松尾浩也、田宮裕編，搜查法大系Ⅱ第2編勾留‧保釋，昭和63年4月，1版，頁54。

[78] 中島卓爾，勾留及び保釋に関する諸問題，司法研究報告書，第89號，昭和32年，頁150。不過，在我國司法實務中卻不乏以帶有教訓、懲罰意味之目的羈押被告者，例如：台灣高等法院刑事100年度抗字第1300號裁定，謂「參諸抗告人於抗告狀所述『區區家暴案件』，益見抗告人法治觀念不足，且言行偏差，貿然以其他之強制處分以代羈押，均無法保障被害人之安全」。

[79] 橫濱地方裁判所昭和41年1月27日裁定，下級裁判所刑事裁判例集，第6卷第1號，頁234。東京地方裁判所昭和43年5月24日裁定，下級裁判所刑事裁判例集，第10卷第5號，頁581。井上清，逮捕‧勾留の目的と被疑者の取調，判例タイムズ，第21卷第4號，頁64。篠田省二，勾留の要件（住居不定‧逃亡のおそれ‧その他），收於：熊谷弘、松尾浩也、田宮裕編，搜查法大系Ⅱ第2編勾留‧保釋，昭和63年4月，1版，頁55、56。

(2) 關於羈押手段所應考慮之因素

羈押必要性所應考慮之因素，最主要在於手段的相當性，亦即應就羈押對於被告乃至於刑事司法制度所造成之不利影響，以及可預期被告將被科處之刑罰輕重、案情之輕重等，加以權衡審酌，以作為決定羈押與否之基礎。

①案件之輕重程度

羈押係侵害被告人身自由最嚴重之強制處分，故應自我謙抑，不得逾越必要之限度。基此，若於調查時可以預料被告所犯之案件輕微而僅會被科處少額的罰金刑，一般應可以認為無羈押之必要性。其次，被告被宣告緩刑之可能性甚高時，因為其「刑罰之期待」甚低，故一般而言應認為於此種情形羈押被告並不符合「比例原則」[80]。

②被告之個人狀況

就因拘束被告身體所獲得之利益與因拘束被告身體所造成之不利益來加以比較，若後者顯然大於前者，則通常可以阻卻羈押之必要性。所謂因拘束被告身體所造成之不利益者，例如被告之人身自由的喪失、健康狀況、社會關係的中斷、因拘禁致使被告脫離原有工作甚至將來無法復職、或使被告原已為疾病或生活所苦之家庭因而破碎、或正當被告面臨入學考試、就職、結婚等人生大事時等均屬之[81]。

③國家刑事司法制度遭受破壞之狀況

由於羈押本身可能破壞「法治國」中刑事程序之前提要件，即「被告應具有刑事程序主體之地位」，尤其是羈押制度有可能限制了被告的辯護可能性。再者，羈押制度有可能對實體刑法的懲罰計畫，造成功能上之破壞以及使短期自由刑所帶來之缺點，藉由羈押顯現出來[82]。是以，當羈押所獲得之利益低於因羈押被告所造成破壞國家刑事司法制度之不利益時，亦可阻卻羈押之必要性。

---

[80] 篠田省二，勾留の要件（住居不定‧逃亡のおそれ‧その他），收於：熊谷弘、松尾浩也、田宮裕編，搜查法大系 II 第2編勾留‧保釋，昭和63年4月，1版，頁56-57。

[81] 李錫棟，我國預防性羈押之探討，警學叢刊，第32卷第2期，2001年9月，頁72。

[82] 王金龍，論羈押之相當性原則—以西德刑事訴訟法之規定為基礎，76年度輔仁大學法律學研究所碩士論文，頁175。

　　總之，在審查羈押之必要性時，必須對照羈押之目的，並比較衡量應拘束被告身體之積極的必要性（包括案件之輕重、起訴之可能性、羈押事由之強弱等各種要素），與因拘束被告身體所造成被告之不利益、痛苦和惡害，當欠缺拘束被告身體之積極的必要性時，或造成被告之不利益、痛苦和惡害等顯然比較大時，即應認為沒有羈押之必要性，而不得予以羈押。唯有當羈押符合適合性、必要性及比例性原則，且無法以限制住居、責付、具保等方式防止被告繼續再為跟蹤騷擾等行為時，在能夠兼顧「被告的自由權利」與「預防被告再犯」之前提下而為羈押處分，才能適切地調和此二者之間的衝突[83]。

肆　爭議問題

一、本條之羈押非屬程序保全之羈押，而是為了保護被害人不再遭受行為人之跟蹤騷擾，此種羈押是否具有正當性？

　　羈押制度之主要目的及其原始的正當化理由，乃在於保障刑事程序之進行並擔保其後的刑罰執行程序，當它對此目的之實現，不再成為必需時，它的命予羈押及其執行，即為「不相當」，原則上應屬不允許。本條所規定之羈押理由，乃是為了保護被害人不再遭受行為人之跟蹤騷擾所採取的一項「預防性措施」，是在於對犯罪行為之反覆實施提供一個一般性防衛，僅具有保護社會安全之作用，且超越羈押以程序保全為目的之界限。是以，其正當性確有疑問。

(一)本條羈押以保護社會安全為目的是否正當

　　有認為預防性羈押雖已超越程序保全之目的，但若能合目的地確保人民某些「特別需要加以保護」之法益免受高或然率之犯罪威脅，於無

法依刑事訴訟法第101條第1項之規定羈押被告時，仍得補充性地剝奪具有再犯危險之被告自由[84]。

但羈押原本是爲了偵查與審判該案件，因不得已才允許其存在的強制處分。本條之預防性羈押以臆測未來的其他犯罪爲理由，不但違反制度的本質，而且會造成只因犯罪嫌疑或爲了保安社會即科予刑罰之結果，故應不具正當性[85]。

再者，就整體刑事法所要保護之法益而言，本法第18條第2項、第19條之罪所要保護之法益，是否果眞能稱之爲「特別需要加以保護」之法益，頗令人懷疑。畢竟，本法所規定之跟蹤騷擾行爲，在整體刑事法中，係屬輕罪，實難認爲其所保護之法益是何等「特別需要加以保護」之法益。因爲如果連輕罪所保護的法益都可以認爲是「特別需要加以保護」之法益，則比本法第18條第2項、第19條更重之罪，豈不都可以此理由，列入預防性羈押之範疇。若如此，則在羈押制度中，作爲例外中之例外的預防性羈押，將大開方便之門。

(二)有無違背無罪推定原則

基於「無罪推定原則」[86]之觀點，任何人於被證明有罪之前，應受無罪推定。在訴訟程序進行中尚無法斷定被告究竟是否有罪，僅是在嫌疑的階段而已，於此階段羈押被告，無異以將來未確定之事實認定處罰現在之犯罪嫌疑人，而與無罪推定原則相衝突，其不當侵害被告人權之

[84] 林山田，中德羈押法制之比較研究，政大法學評論，第34期，1986年12月，頁132。
[85] 佐伯千仭編著，生きている刑事訴訟法〔兒島武雄〕，日本評論社、昭和40年，頁41。橫井大三，勾留，法學セミナー，第6號，昭和31年，頁27。河村澄夫、古川実編，刑事実務ノート(3)，判例タイムズ，昭和46年，頁215。新關雅夫、佐佐木史朗他編，令狀基本問題75問〔秋山規雄〕，一粒社，昭和44年，頁236。團藤重光，新刑事訴訟法綱要，創文社，昭和47年，7訂版，頁404。江家義男，刑訴法教室（上），昭和30年，頁278。田宮裕編著，刑事訴訟法I－搜查・公訴の現代的展開〔豊吉彬〕，有斐閣，昭和59年1月，初版，頁220。
[86] 「任何人於被證明有罪之前，應受無罪推定」之法理，雖係英美法制當事人主義下之見解，我國法對於此一法理亦無明文規定，但由於無罪推定原則係確保公平審判及保障被告地位所不可或缺之法則，而有其必要性及法規範性，且依我國憲法第8條第1項「非由法院依法定程序，不得審問處罰」及刑事訴訟法第301條第1項「不能證明被告犯罪或其行爲不罰者，應諭知無罪之判決」之規定，似亦可認爲於未能證明被告犯罪之前，被告應有受無罪推定之權利，是以，無罪推定之法理應可視爲我國刑事訴訟法下之指導原則。

可能性也因而大增[87]。故羈押被告只能在不得已的情況，即只有在為了確保本案之訴訟程序進行與刑罰之實現，才能例外地剝奪被告之人身自由。本條之「預防性羈押」是為了防止被告未來再犯，並非為了確保本案之訴訟進行與刑罰實現所不得已之措施，欠缺使羈押合法化之理由。是以，基於「無罪推定原則」，不能因為被告有重複實施犯罪之可能，即以此作為羈押被告的理由。

(三) 以事先的監禁來鎮壓罪犯是否正當

在刑事司法體系中，為了達到保護社會安全之目的，原本是以事後的刑罰來威嚇犯罪行為之發生，但「預防性羈押」制度卻是以事先的監禁來鎮壓犯罪。此種事先的監禁實無法與實體刑法中預先規定之刑罰或保安處分相提並論。蓋反覆實施之虞的羈押理由，並不具備刑罰及保安處分之嚴格要件[88]。此外，刑法上的矯正措施，亦必以確定之有罪判決為其前提。因此，基於刑事司法體系中以「事後的刑罰」來威嚇犯罪行為發生的基本原則，為了保護社會安全，在未經確定判決之前即先以預防性羈押來剝奪被告身體自由，不能認為具有正當化之理由[89]。

(四) 羈押不利於被告的再社會化

預防性羈押之目的乃在於保護社會安全，但由於預防性羈押仍屬羈押被告的一種，其執行並不要求被告「再社會化」，且基於被告權益之考量，在被證明為有罪之前，被告應受無罪推定，同時享有與一般人一樣之地位與身體自由。是以，於有罪判決確定前，為了保全刑事訴訟程序之進行而對被告所為之羈押，於有罪判決確定後應折抵自由刑之執行（刑法第46條），乃屬保障被告權利所不得已之情形，要無疑問。

然而，同樣可以折抵自由刑的預防性羈押，因其執行也不要求被告

---

[87]　紀亙彥，我國審判前羈押問題之研究—以檢察官之羈押權為中心，82年中興大學法律學研究所碩士論文，頁100。

[88]　林山田，中德羈押法制之比較研究，政大法學評論，第34期，1986年12月，頁132。

[89]　李錫棟，我國預防性羈押之探討，警學叢刊，第32卷第2期，2001年9月，頁10。

再社會化，故使原本希望藉由刑罰之執行使罪犯再社會化，以達到保護社會安全之目的，反而因不要求再社會化的羈押，折抵要求刑罰教化的自由刑而減低效果，甚至因而無法達成。更爲諷刺的是，保護社會安全正是預防性羈押所欲達成之目的，卻因其執行反而無法達成。總之，運用此種並不要求「再社會化」之羈押制度，企圖達到刑事政策上保護社會安全之目的，與現代刑法所強調之「刑法教化」與「再社會化」背道而馳。

(五)有無違背公平審判之原則

　　被告在被證明爲有罪之前，應受無罪推定，同時享有與一般人一樣之地位與身體自由，此種與一般人一樣之地位與身體自由正是被告行使防禦權的基礎，倘被告之身體自由被剝奪，其防禦權之行使，諸如準備辯護、蒐集有利之證據、與律師聯繫等，即受到嚴重的限制。是以，除非不得已，否則不應剝奪被告之身體自由。然而，「預防性羈押」係以防止未來的其他犯罪爲理由，其剝奪被告之身體自由並非出於保全本案程序進行所不得已之措施，必然平添被告行使防禦權之困難，而有礙武器平等與公平審判之原則。

(六)預測被告再犯之虞的準確性

　　「預防性羈押」制度必須要先決定哪些被告將來容易再度犯罪，而有予以羈押之必要。換言之，「預防性羈押」中的「危險人物」，乃是建立在「國家能預知危險人物」的假設之上，但根據「美國精神醫生協會」之研究結果認爲，即使精神科醫師也無法預測「未來的危險性」，若如此，法官又如何能斷定被告有再犯之危險呢[90]？換言之，預測被告再犯之虞的準確性，並無法正確到足以支持其實施預防性拘禁之地步。

---

[90] 王金龍，論羈押之相當性原則—以西德刑事訴訟法之規定爲基礎，76年度輔仁大學法律學研究所碩士論文，頁168、170。

利用有反覆實施之虞為由羈押被告，必然導致社會上無辜的人亦可能因而遭受「預防性羈押」。

二、違反保護令中禁止查閱被害人戶籍資料及命完成治療性處遇計畫，而有反覆實施者，得為預防性羈押，是否妥當？

依本條規定，犯第19條違反保護令罪之嫌疑重大而有反覆實施之虞者，得為預防性羈押。犯第19條違反保護令罪包括違反依第12條第1項第2、3款所核發之保護令。然而，如第19條爭議問題所述，依第12條第1項第2、3款所核發之保護令都是為了預防跟蹤騷擾或其他侵害行為，其中第2款是為了預防行為人透過查閱被害人戶籍資料而得知被害人之住居所等相關個人資料，進而對被害人實施第3條第1項各款之跟蹤騷擾行為或其他侵害被害人之行為。此行為本身只是跟蹤騷擾之前階段預備行為，故對於跟蹤騷擾罪所要保護之自由或身心健康法益並未造成實害，且其所造成此等法益侵害之危險性甚微，將其作為預防性羈押之理由，其正當性明顯不足。

依第12條第1項第3款所核發之保護令則是為了預防行為人因未完成治療性處遇計畫，而繼續對被害人實施第3條第1項各款之跟蹤騷擾行為或其他侵害被害人之行為。此等行為本身只是跟蹤騷擾之外的義務違反行為。而且，縱有違反而未完成治療性處遇計畫，也只是放棄對自己的治療。即使認為透過對自己之治療可以達到預防他人受到侵害的作用，也是屬於「應幫助他人」的義務，此終究是課予刑法以外之特別義務。亦即「應積極治療自己以幫助他人」的道德上義務。這種義務的違反，對於跟蹤騷擾罪所要保護他人之自由或身心健康法益並未造成實害，且其所造成此等法益侵害之危險至多也只是一般性的危險。況且所稱之治療性處遇計畫究竟能達到多少預防再犯之效果，也未見有實證之資料。是以，將其作為預防性羈押之理由，其正當性確有不足之疑慮。

三、犯第18條第2項、第19條之罪嫌疑重大，有事實足認為有反覆實行之虞，所認反覆實行之虞之罪是否必須是同一犯罪？

關於所認有反覆實行之虞之罪是否限於同一犯罪之問題，例如違反第18條第2項之罪，而被認為有反覆為第19條之罪之虞，是否可認為該當「有反覆實行之虞」之要件。刑事訴訟法第101條之1第1項規定：「被告經法官訊問後，認為犯下列各款之罪，其嫌疑重大，有事實足認為有『反覆實行同一犯罪』之虞，而有羈押之必要者，得羈押之。」亦即刑事訴訟法第101條之1所規定之預防性羈押係以認為有反覆實行「同一犯罪」為限。本條僅規定「認為有反覆實行之虞」，而未明定「同一犯罪」。在解釋上，未必不能與刑事訴訟法第101條之1做相同的解釋，亦即以「反覆實行同一犯罪」為限。又所謂同一犯罪，其範圍在解釋上應認為是屬於相同罪質之犯罪行為。

第22條（授權訂定施行細則）

本法施行細則，由主管機關定之。

 立法理由

本條係授權主管機關訂定施行細則，據此，主管機關即得依本條之授權訂定施行細則。不過，此種以法律概括授權訂定之施行細則，僅得於符合立法意旨，且未逾越法律授權訂定施行細則之必要範圍內，就執行法律有關之細節性、技術性事項加以規定，其內容不得牴觸母法或對人民之自由權利增加法律所無之限制。

解說

　　本條規定：「本法施行細則，由主管機關定之。」又本法所稱之主管機關，依第2條第1項之規定，在中央為內政部；在直轄市為直轄市政府；在縣（市）為縣（市）政府。

　　內政部依本條之規定，於民國111年3月18日發布「跟蹤騷擾防制法施行細則」，全文共18條，茲將該施行細則之條文，臚列於次，以供參考：

第1條
本細則依跟蹤騷擾防制法（以下簡稱本法）第二十二條規定訂定之。
第2條
中央主管機關為辦理本法第二條第二項第一款之統籌及督導事宜，應建置及管理跟蹤騷擾電子資料庫。
前項跟蹤騷擾電子資料，包括下列電子資料：
一、司法院提供之保護令及有關之裁定。
二、警察機關提供之處理跟蹤騷擾案件通報表、書面告誡之核發與　　簽收紀錄及保護令執行紀錄表。
三、其他經中央主管機關協商相關機關提供之跟蹤騷擾案件被害人　　或相對人有關之資料。
前項電子資料，由司法院、警察機關及相關機關定期傳輸至跟蹤騷擾電子資料庫，並指定專人辦理跟蹤騷擾電子資料庫有關事項。
第3條
中央主管機關應備置電腦軟、硬體設施，以管理、儲存跟蹤騷擾電子資料。
電子資料提供機關應自備電腦硬體設施，以建立、傳輸或查詢跟蹤騷擾電子資料。

第4條

法院、檢察署、衛生主管機關、警察機關及直轄市、縣（市）主管機關辦理跟蹤騷擾防制案件人員，因執行職務必要，得使用跟蹤騷擾電子資料庫相關資料。

第5條

因職務或業務所知悉之跟蹤騷擾電子資料，除法律另有規定外，應予保密。

處理及使用跟蹤騷擾電子資料，應採取必要之保密措施，違反保密義務者，依相關法令規定處理。

第6條

跟蹤騷擾之認定，應就個案審酌事件發生之背景、環境、當事人之關係、行為人與被害人之認知及行為人言行連續性等具體事實為之。

第7條

警察機關受理跟蹤騷擾案件，應即派員處理，並轉介相關目的事業主管機關依權責提供被害人保護服務措施。

第8條

本法第四條第一項所稱調查，指司法警察（官）於刑事偵查程序之相關作為。

第9條

警察機關依本法第四條第二項規定所核發之書面告誡，應記載下列事項：

一、行為人之姓名、性別、出生年月日、國民身分證統一編號或其他身分證明文件字號及住所或居所。

二、案由。

三、告誡事由。

四、違反之法律效果。

五、救濟方式。

書面告誡之送達，行為人在場者，應即時行之。

第一項書面告誡之核發或不核發，應以書面通知被害人。

第10條

警察機關依本法第四條第二項所為書面告誡之核發，不以被害人提出告訴為限。

第11條

警察機關為防止危害，經審認個案有即時約制行為人再犯之必要者，應不待被害人請求，依本法第四條第二項主動核發書面告誡。

第12條

行為人或被害人依本法第四條第三項表示異議時，應以書面為之，載明下列事項：

一、異議人之姓名、出生年月日、國民身分證統一編號或其他身分證明文件字號及住所或居所。

二、異議之事實及理由。

三、證據。

四、書面告誡或不核發書面告誡通知文書之日期、案（字）號。

第13條

本法第四條第四項所稱更正，指依行為人異議，撤銷書面告誡；或依被害人異議，核發書面告誡予行為人。

第14條

本法第五條第一項所定二年期間，自書面告誡送達行為人發生效力之日起算。

第15條

檢察官或警察機關依本法第五條第二項為保護令之聲請，應考量個案具體危險情境，且不受書面告誡先行之限制。

第16條

本法第十條所定其他足資識別被害人身分之資料，包括被害人照片或影像、聲音、聯絡方式、就讀學校、班級、工作場所、親屬姓名及與其之關係或其他得以直接或間接方式識別該個人之資料。

第17條

主管機關及目的事業主管機關應指定專人辦理跟蹤騷擾防制業務。

第18條

本細則自中華民國一百十一年六月一日施行。

第23條（施行日期）

本法自公布後六個月施行。

壹　立法理由

　　憲法所保障之各種基本權利，無論屬於消極性防止公權力侵害之防衛權，或積極性要求國家提供服務或給付之受益權，國家均負有使之實現之任務[91]。代表民意之立法機關既然已以法律予以保障，則於制定法律之後，自應使其生效，始能真正發揮保障的作用。

　　法律施行日期規定於法條之中，除了是法律規範內容之一部分外，尚涉及法律效力發生之問題，故其決定自應由有權制定法律的立法機關決定。為使本法能夠產生規範的效力，真正發揮保障的作用，乃於本條規定本法之施行日期。

貳　解說

　　本條規定「本法自公布後六個月施行」，係有關施行日期之規定，同時也是本法發生規範效力的規定，具有畫龍點睛、神像開光的作用，

---

[91]　司法院大法官釋字368號解釋吳庚大法官協同意見書。

乃是至關重要的條文。質言之，如無本條之施行日期的規定，本法將無發生規範效力之可能。

在法律秩序中，要能成為具有效力的法律，至少須具備下列兩項要素：其一為形式有效性，此係指規範的內容「應該」被遵守或適用；其二為實質有效性（實效性），係指規範實際上發生拘束的作用，亦即規範的內容「實際上」被遵守，當不遵守時被適用。前者常是不折不扣的表現於外部，而後者卻不是百分之百的發生作用[92]，不過一個有效的法規範，起碼要有最低限度的實效，如果欠缺實效或實效的可能性，就不能再被認為是現行有效之法律[93]。

如果只從形式上看法律的效力，那麼所謂「效力」乃是指「形式有效性」而言。申言之，法律是一個強制規範，其所規定的內容，無論社會的現實情形是否與此規範相符，都要求社會中之各人一體遵守，如有違反，就要受法規範所定制裁的適用，在形式上法的效力並不繫於規範的實際受到適用或為人所遵守，而重在預定制裁於規範之中，以要求社會中之各人遵守，例如法規範禁止跟蹤騷擾，並對跟蹤騷擾行為規定嚴格制裁，縱然實際上在社會裡跟蹤騷擾司空見慣，多如牛毛，罰不勝罰，甚或司法機關無法認真適用法律以處罰跟蹤騷擾行為，但是如果法律業經創設而具有規範效力，則至少在形式上是存在的，亦即仍具有「形式有效性」[94]。

何以法律經創設之後，會具有規範的效力，而可以認為具有「形式有效性」？如果依照純粹法學之說法，乃是因為一個有效的法規範必須

---

[92] 因為在某一社會中，無論國民守法的精神多好，也難望法規範毫無例外地為大家所遵守，同樣地也不能期望職司適用法律的機關對於違反法律規定的人，一一實現預定的制裁而無所遺漏。韓忠謨，法學緒論，自版，1997年，再版，頁58-59。

[93] 法律的效力固然不是根據於實效，但實效卻是效力的條件，必須法律有「適用之可能性」，該法律所要達到的目的才有貫徹的可能性，也才能發生實質的效力。反之，如某一法律業已喪失其適用之可能，例如根本不可能出現與法律相符之具體事實，以致無適用之可能性，或縱有具體事實發生，與法律所定相當，而仍欠缺適用該法律之機會，則該法律規範所要達到的目的即無「貫徹的可能性」，該規範即不能再被認為是現行有效之法律例如：禁酒的法律，如果人民仍然賣酒，有權機關亦不加以處罰，一段時間後這個法律就會因欠缺實效而失去效力；又如：禁止捕殺某種野生動物的法律，如果該種動物已經完全滅絕，則該法律也會因沒有遵守及適用的可能性而失去效力。韓忠謨，法學緒論，自版，1997年，再版，頁58-59。程明修，凱爾森純粹法學與行政法學之發展，東吳大學法律學報，第13卷第1期，2001年8月，頁48。

[94] 韓忠謨，法學緒論，自版，1997年，再版，頁57-58。

是透過被授權機關的「意志行為」[95]所創設，即在法規範體系中，上位規範所規定的有權機關，在上位規範規定的程序下所創設的規範，才是在這個法規範體系中有效的規範。所以法律之所以是有效的規範，乃是因為它是憲法授權立法者依照憲法所規定的程序制定的。其效力是來自於憲法的授權及立法機關的創設[96]。故法律之所以有效，其充分必要條件是憲法的授權和被授權機關（即立法機關）的創設行為[97]。而此所謂的創設，在我國現行法，必須經一定的立法程序方可制定，在制定後，還要公布及施行，才算完成法律之創設行為，也才發生法律效力。[98]申言之，立法院之三讀通過法律案與總統之公布法律均屬創設有效法律不可或缺之要件，而法律之施行亦為使法律發生效力的要件之一[99]。所以，立法院所為法律的制定、總統所為法律的公布、立法院於制定法律時所為施行日期之決定均是創設法律所不可或缺的要件，缺少任何一項，法律之創設即未完成，無法發生規範之效力。是以，在我國，要完整地創設具有規範效力的法律，必須完成制定、公布、施行等法律創設

---

[95] 所謂意志行為，係指具有意欲他人應為一定行為之命令意義的行為。立法者在制定法律時，都具有「受規範者應為一定行為」的意志，因為不可能存在無意志之當為，也沒有無命令者之命令。若無某人下達命令，自然也不可能有如何之命令。所以如果沒有意志就沒有當為。所謂「當為」乃是對於他人之行止有意地使其朝向一定方向之人類意志行為之主觀意義。不過，並不是每個這種意志行為的命令都是具有法律效力的規範。因為法律創設行為之主觀意義是當為，此種創設行為依其所表現之意義而被視為命令行為。但是，此種行為未必都具有客觀意義。此種行為只有在客觀上具有當為之意義時，吾人始將此「當為」稱為「規範」。其不只從創設該行為之個人觀點，也從無關係之第三人的觀點，表現出可視為當為之行為。主觀上具有當為意義之法律制定行為在客觀上也具有當為之意義，亦即具有當為之規範意義者，乃是因為憲法對於該法律制定行為給予此客觀意義之緣故。例如一個搶匪要某甲把錢交出來，雖然他的意志行為的意義是「某甲應該把錢交出來」，但是他要某甲把錢交出來的命令我們並不會把他解釋成是一個「規範」。只有在特定條件下的意志行為，也就是只有透過實證法秩序授權的意志行為，它的意義才是一個規範。新正幸，純粹法學と憲法理論，日本評論社，1版1刷，1992年4月，頁85-86。

[96] Hans Kelsen著，橫田喜三郎譯，ケルゼン純粹法學（Reine Rechtslehre），岩波書店，昭和50年5月，頁118-121。

[97] 新正幸，純粹法學と憲法理論，日本評論社，1版1刷，1992年4月，頁322-323。蓋一個法律或命令如果沒有經過授權，那就只是意志行為的主觀意義，也就是只有從下命令者的觀點來看才有意志行為的意義，從受命令者或第三者來看並不具有意志行為的意義。如果受命令者不遵守這樣的命令，那麼並不能被認為是「違反」了某個規範。只有被授權的命令才具有意志行為的客觀意義，即：只有被授權的命令才是一個有效的規範，才對受命令者有拘束力，它所規定的行為才會成為受命令者的義務。新正幸，純粹法學と憲法理論，日本評論社，1版1刷，1992年4月，頁86。

[98] 韓忠謨，法學緒論，自版，1997年，再版，頁59-60。

[99] 蓋依中央法規標準法第12條至第14條之規定，法律應規定施行日期或授權以命令規定施行日期，若明定自公布日施行者，自公布日起算至第3日發生效力；若特定有施行日期或以命令特定施行日期者，自該特定日起發生效力，換言之，法律於制定時必須訂定施行日期，且法律之效力發生完全取決於施行日期之屆至。可見法律施行日期之訂定，是創設法律不可或缺的要件。

行為始可[100]。

　　其次，由於創設規範的目的在於期能產生規範的效果，無規範效力之法律實與該法律不存在無異[101]。而一個法律如果要有效，或者說要具有「形式有效性」，其充分必要條件是上位規範的授權和被授權機關的創設行為。如果法律沒有被創設，則該法律就不可能存在，當然也就無法具有效力。只有當法律被創設，而且發生規範的效力時，該法律才是存在的[102]。如果該法律沒有規範的效力，那麼創設行為所創設的，就不是規範。換言之，當我們說「某個法律有效」時，就意謂著有這個法律存在，而當我們說「某個法規範無效」時，也是意謂著這個法規範不存在[103]。例如立法者表示「實行跟蹤騷擾行為者，處一年以下有期徒刑」，立法者的此一表示，因為某種原因而無效時，那麼立法者的這個表述就不是規範。由此可見，規範的存在是效力，而「法律的效力」是法律特有的存在態樣[104]。換言之，一個存在的「規範」不可能無效，而一個「無效」的規範就不是規範，所以，決定一個規範是不是法規範的重要關鍵，在於其是否具有法律上的規範效力[105]。法律的施行日期規定於法條之中而成為法律規範之內容，惟其除了作為法律規範內容之外，更重要的意義在於其實質上決定了整部法律效力之發生，其所牽動的是整部法律之存立問題[106]。

　　由於法律施行日期實質上關係到整部法律之效力發生，所以其性質與其他一般法律條文不同。在我國僅有一般法律條文仍然無法成為具有

---

[100] 李錫棟，論法律施行日期之授權訂定，國會月刊，第35卷第7期，2007年7月，頁21-22。
[101] 新正幸，純粹法學與憲法理論，日本評論社，1版1刷，1992年4月，頁165。
[102] 於此須特別注意的是，法律的存在與自然的、物理上的存在不同，其為一種意義的存在，一種「觀念上」的存在，而非「現實」的存在。因法律所表達的是應然，它無法透過感官經驗來察覺，也不是一種實然事實上的存在，而是透過「規範的拘束性」而存在，亦即透過法律的規範效力而存在，所以，一個規範有效，就表示這個規範存在，當一個規範無效，就意謂其不存在。新正幸，純粹法學與憲法理論，日本評論社，1版1刷，1992年4月，頁84、165。
[103] 新正幸，純粹法學與憲法理論，日本評論社，1版1刷，1992年4月，頁165。
[104] Hans Kelsen, Allgemeine Theorie der Normen, Wien 1979, S.136-139，引自王鵬翔，規範與邏輯──Hans Kelsen晚期規範理論之研究，國立政治大學法律學研究所碩士論文，1998年5月，頁17-18、82。程明修，凱爾森純粹法學與行政法學之發展，東吳大學法律學報，第13卷第1期，2001年8月，頁48。
[105] 新正幸，純粹法學與憲法理論，日本評論社，1版1刷，1992年4月，頁165。
[106] 李錫棟，論法律施行日期之授權訂定，國會月刊，第35卷第7期，2007年7月，頁22-23。

規範效力的法律，其要成為有效的法律，必須有法律施行日期之訂定，始能透過該法律施行日期之到來，使其發生效力[107]。所以，法律施行日期之訂定，就其使整部法律發生效力而言，可以認為是法律創設行為（制定、公布、施行）的一部分。就這一點言，法律施行日期係使法律發生效力之要件，關係到法律效力之發生或法律之存立，係屬立法行為本身之範疇，應由立法者親自訂定[108]。

　　本條規定「本法自公布後六個月施行」，即由立法者親自訂定本法之施行日期係於本法公布後六個月施行，本法業經於民國110年12月1日公布，依本條之規定，自應於110年6月1日零時開始發生規範之效力。

---

[107] 此為中央法規標準法第12條至第14條所明定。
[108] 李錫棟，論法律施行日期之授權訂定，國會月刊，第35卷第7期，2007年7月，頁23。

第四篇
長期遭盯梢案例處理之研析

前言

　　民間團體倡議多年的「跟蹤騷擾防制法」，就在2021年4月8日屏東縣發生此假車禍眞擄人命案後，朝野立委要求行政院儘快提出跟蹤騷擾防制法草案，行政院也立即於2021年4月16日及20日召開內政部提出的「糾纏犯罪防治法」草案審查會，且於4月22日經行政院院會通過「跟蹤騷擾防制法」草案，函請立法院審查。最後，立法院於2021年11月19日完成「跟蹤騷擾防制法」（以下簡稱本法）三讀程序，總統於2021年12月1日公布全文23條，並自公布後六個月施行，表明爲保護個人身心安全、行動自由、生活私密領域及資訊隱私，免於受到跟蹤騷擾行爲侵擾，維護個人人格尊嚴，特制定本法。

　　本法之通過是鑑於跟騷行爲經常是重大犯罪前兆，對被害人安全帶來極大威脅，需有即時介入處理機制以保護被害人安全；且騷擾行爲必須以法律明確細分類型化行爲態樣，以便於警方認定與調查；亦是補充性別暴力防制之不足，是性別暴力防制大邁進，聚焦在「與性或性別」，以避免警力過度負擔，因而將跟蹤騷擾行爲直接採取犯罪化模式及即時約制（書面告誡）措施，二年內若再犯，可核發保護令及配合預防性羈押，以完善保護婦女安全法制。

　　本此理念，本文將以某百貨專櫃小姐長期遭不明男子盯梢爲例，說明本案例本法施行前之處理過程，並對照本法施行後如何處理本案，以有效保護個人身心安全、行動自由，免於受到跟蹤騷擾行爲侵擾。

貳　案例事實與爭點

一、案例事實

　　值班員警接獲某百貨專櫃A女報案，指稱遭不明B男騷擾，B男除了每天到專櫃前報到且一直盯著她看以外，還會上前對她胡言亂語。警

方曾到場處理，發現該名年約40歲的B男就站在專櫃不遠處，B男矢口否認騷擾，僅稱「我站在這裡怎麼了嗎？」警方好言規勸也欲通知其家屬，但B男仍不為所動，不願意離去。這樣的行為持續約四個月，A女在不堪其擾下，再次報案並對B男提告[1]。本案若依今年6月1日正式施行的跟蹤騷擾防制法，警方到場後應如何處理，以保護A女個人身心安全？

二、本案之爭點

(一) 跟蹤騷擾行為之定義及判別標準？
(二) 警察機關受理後之處置作為為何？
(三) 相關保護令規定為何？
(四) 跟騷行為有哪些處罰規定？
(五) 跟騷法與性平三法之競合問題為何？

 跟蹤騷擾防制法主要內容與架構

一、本法主要內容

　　為保護個人身心安全、行動自由、生活私密領域及資訊隱私，免於受到跟蹤騷擾行為侵擾，維護個人人格尊嚴，立法院於2021年11月19日完成「跟蹤騷擾防制法」三讀，總統於2021年12月1日公布全文，並自公布後六個月，即2022年6月1日起施行。

　　本法案設計將跟蹤騷擾行為態樣具體類型化及犯罪化，並聚焦在「與性或性別有關」之行為，且引入即時約制（書面告誡）模式，二年內若再犯法院可核發保護令及配合預防性羈押，並強調部門協力以保護扶助被害人及治療處遇相對人，以補充性別暴力防制之不足。而其條

1　本案例資料來源：壹電視，怪男站哨「直盯她」……101櫃姐崩潰嚇到離職！2020年12月4日，https://www.youtube.com/watch?v=HbKEnV4Y6KQ，瀏覽日期：2022.4.4。

文之安排包含第1條訂定目的、第2條相關部會權責、第3條跟騷行為定義、第4條警察機關之受理與處置、第5條至第17條相關保護令規定、第18條及第19條罰則、第20條審理不公開、第21條預防性羈押、第22條施行細則及第23條施行日期。本法其主要條文內容再加以分析，如表4-1所示。

表4-1　本法條文架構與內容

第一單元	■ 立法目的§1 ■ 主管機關及目的事業主管機關權責§2 ■ 跟蹤騷擾行為之定義§3	第二單元	■ 警察機關之受理與處置§4
第三單元	■ 保護令之聲請§5 ■ 保護令之聲請程序與審理§6-1I、§15 I ■ 保護令之內容§12 ■ 保護令之效力§13、§17 ■ 保護令之執行§14 ■ 保護令之救濟§15、§16	第四單元	■ 罰則§18、§19 ■ 調取通聯紀錄§18 IV ■ 審理不公開§20 ■ 預防性羈押§21 ■ 施行細則§22 ■ 施行日期§23

資料來源：作者自製。

二、本法主要架構

本法明定跟蹤騷擾行為，係指以人員、車輛、工具、設備、電子通訊、網際網路或其他方法，對特定人反覆或持續為違反其意願且與性或性別有關之「監視跟蹤」、「盯梢尾隨」、「威脅辱罵」、「通訊干擾」、「不當追求」、「寄送物品」、「有害名譽」、「濫用個資」等八類行為之一，使之心生畏怖，足以影響其日常生活或社會活動。實行跟蹤騷擾行為者，處一年以下有期徒刑、拘役或科或併科新臺幣10萬元以下罰金，屬告訴乃論之罪；若攜帶凶器或其他危險物品犯跟騷罪，可處五年有期徒刑、拘役或科或併科50萬元以下罰金。另為保護被害人安全，警察機關調查有跟蹤騷擾行為之犯罪嫌疑者，應依職權或被害人之請求核發書面告誡行為人，並告知被害人得行使之權利及服務措

施，必要時並應採取其他保護被害人之適當措施。書面告誡二年內，若再為「跟騷行為」，被害人、警察或檢察官得向法院聲請保護令，保護令可禁止相對人為跟蹤騷擾行為、命遠離特定場所一定距離、禁止查閱被害人戶籍資料、完成治療性的處遇計畫及其他為防止相對人再為跟蹤騷擾行為之必要措施，保護令期限一次最長二年、可聲請延長。違反禁止令、遠離令、禁查令及治療令等保護令者，處三年以下有期徒刑、拘役或科或併科30萬元以下罰金。行為人經法官訊問後，認其犯「攜帶凶器或其他危險物品實行跟蹤騷擾行為」或「違反保護令」之罪嫌疑重大，有事實足認為有反覆實行之虞，而有羈押之必要者，得羈押之。因而，本法其主要架構如圖4-1所示[2]。

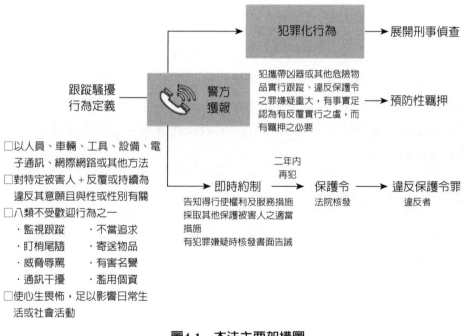

圖4-1　本法主要架構圖

資料來源：作者自製。

---

[2]　許福生，跟蹤騷擾防制法爭點之評析，中央警察大學警政論叢，第21期，2021年12月，頁11。許福生，跟蹤騷擾防制法Q&A，警光雜誌，第785期，2022年1月，頁61-62。

肆 跟蹤騷擾行為之定義及判別標準

本法所稱跟蹤騷擾行為，指以人員、車輛、工具、設備、電子通訊、網際網路或其他方法，對特定人反覆或持續為違反其意願且與性或性別有關之下列行為之一，使之心生畏怖，足以影響其日常生活或社會活動：一、監視、觀察、跟蹤或知悉特定人行蹤；二、以盯梢、守候、尾隨或其他類似方式接近特定人之住所、居所、學校、工作場所、經常出入或活動之場所；三、對特定人為警告、威脅、嘲弄、辱罵、歧視、仇恨、貶抑或其他相類之言語或動作；四、以電話、傳真、電子通訊、網際網路或其他設備，對特定人進行干擾；五、對特定人要求約會、聯絡或為其他追求行為；六、對特定人寄送、留置、展示或播送文字、圖畫、聲音、影像或其他物品；七、向特定人告知或出示有害其名譽之訊息或物品；八、濫用特定人資料或未經其同意，訂購貨品或服務。對特定人之配偶、直系血親、同居親屬或與特定人社會生活關係密切之人，以前項之方法反覆或持續為違反其意願而與性或性別無關之各款行為之一，使之心生畏怖，足以影響其日常生活或社會活動，亦為本法所稱跟蹤騷擾行為。

一、判斷上之問題點

由於本法已將跟蹤騷擾行為犯罪化，因而員警如何認定該行為是否符合跟騷行為構成要件，便為適用本法首要之舉，因其牽涉到是否可依現行犯加以逮捕之及涉嫌跟騷行為核發書面告誡等問題。然而，本法是在實害犯罪發生前的行為規制，係基於危險犯概念，使國家公權力得大幅提早介入調查及處罰，因此在構成要件判斷上難免會有所困難。縱使如立法理由所言，將其適用範圍限縮在易發生危險行為，保護生命、身體及自由等核心法益免受侵害，以符合比例原則，然仍會面臨下列規範

上的問題點[3]：

(一)沒有物理性被害致危險性判斷困難

　　跟騷行為本身很難認識到有物理損壞的具體危險，所以危險性判斷相當困難，如果要強行定義被害結果，可能會以被害人極為主觀、抽象的「困惑感」、「不快感」或「不安感」來認定；如此對於沒有明確認定對客觀法益有侵害或危險性的行為，如果只考慮被害人內心因素「不安感」等來認定是犯罪行為而加以處罰，極可能會侵害到人民的行動自由及表現自由。

(二)難以特定及識別跟騷行為

　　即使創造了跟騷行為概念，且將行為態樣具體類型化，也很難定義什麼樣的作為或不作為狀態是構成要件的行為；亦即縱使在條文中對行為進行定義，但在事實認定階段，亦會面臨很難判斷是否該當此構成要件；如第一次單純地守候，第二次要求約會，第三次則在輕鬆的氣氛中邀約用餐，是否該當「跟騷行為」？判斷上確實有一定難度。

(三)難以與不具危險類似跟騷行為區分開來

　　應該禁止的危險跟騷行為，與不具危險類似跟騷行為要明確區分並不容易，例如在返家途中剛好認出前方幾米處是認識的異性，持續在其後方步行15分鐘，即使客觀看起來像是有「跟騷行為」，但也不過是返家中走相同的道路罷了。如此，跟騷行為的具體內容，也有可能由個別觀之「未必與犯罪有關」的日常行為構成（例如持續地向對方告白示愛、在道路上行走等）。在這種情況下，通常會設置和過濾主觀要件來限制處罰範圍，只是除了加上故意主觀要件之外，又要要求什麼樣的要

---

[3] 今村暢好，つきまとい行為に対する刑事規制の特殊性と諸問題，松山大學論集，第30卷第5-1號，2018年12月，頁39-41。

件化？仍然是一個難題。又從被害人的角度來看，可以認為沒有必要對加害人提出比故意更多的主觀要求。

二、構成要件之分析

構成跟騷罪，除行為人主觀要件上，需就本罪的行為有所認識而仍決意為之方可外[4]，客觀上亦需符合下列要件：

(一)實行之方式

以人員、車輛、工具、設備、電子通訊、網際網路或其他方法為之，即本條各款所定跟蹤騷擾行為，包含運用口語、文字、符號、肢體動作、表情或電子科技通訊方式等，足以表露行為人意思之行為，故於序文整合規定實行跟蹤騷擾行為之各種方法。

(二)對特定人

本條之實施對象需對特定人為之，但對實務常見行為人為追求特定人，而對特定人之配偶、直系血親、同居親屬或與特定人社會生活關係密切之人，實行違反其意願而與性或性別無關之跟蹤騷擾行為，為避免產生規範缺漏，本法將與該特定人之配偶、直系血親、同居親屬或與特定人社會生活關係密切之人納入保護。至於所稱社會生活關係密切之人，包含以家庭、職場、學校或其他正常社交關係為基礎，與該特定人處於穩定互動關係之人。

再者，本法其立法目的係保護個人法益，故若非針對特定個人或對象，而係針對某特定或不特定之族群為仇恨、歧視言論者，自無本法之適用。

---

[4] 按刑法上故意包含「知」與「欲」，即故意除了要對客觀不法構成要件所有「認識」（也可說是「預見」，也就是行為人於行為時浮現出該當於不法構成要件的事實過程）外，還必須具備「意欲」，也就是想要或希望不法構成要件事實實現的欲望或心理態度。然而對於意欲此等涉及個人內心心理狀態與情緒之要素，究應如何證明，實有困難；現較為普遍看法則是採取「意欲客觀說」，藉由客觀事實或行為人的客觀行動，以證明或推論出行為人既有想要實現客觀不法構成要件的「意欲」。參照王皇玉，刑法總則，新學林，2020年8月，頁226。

(三)反覆或持續

「反覆」是指重複爲複數次的意思，而實行同一行爲或不同款之跟騷行爲；「持續」是指接連不斷，或維持相當一段時間的一次性行爲，如在社群媒體刊登有關個人性隱私訊息而不刪除。若偶然一次爲之，即不屬於反覆或持續。現若參考外國法制實務，德國聯邦最高法院認爲判斷「持續反覆」要件，重點在於行爲人是否顯露出不尊重被害人反對的意願，或對被害人的想法採取漠視而無所謂的心態；奧地利刑法認爲應從「時間限度」，即長時間的騷擾，結合「量的限度」，即次數與頻繁度做整體評價；日本則認爲所謂「反覆」，係指複數次重複爲之，以時間上的近接性爲必要，並就個別具體事案做判斷。另本條適用非指全數款項之要件皆須成立，僅須反覆或持續從事第1項各款行爲之一項或數項，即有本條適用（參照立法說明）。

有關反覆或持續進一步解釋，德國刑法所謂「持續反覆」（be-harrlich），則不管何種行爲態樣，均必須具有「持續性」或「反覆性」，故只是偶然一次爲之，並不成立本罪。至於究竟應持續多久時間或次數多頻繁，雖無一定限制，但德國實務見解採取較寬鬆之認定，原則上同類的跟蹤騷擾行爲達5次，例如打騷擾電話5次，即屬「持續反覆」。但德國聯邦最高法院亦有判決認爲，判斷「持續反覆」此一要件的重點在於行爲人是否顯露出不尊重被害人反對的意願，或對被害人的想法採取漠視而無所謂之心態所爲之舉動。又在奧地利刑法上，是否具「適合於發生損害」，於認定上可以從「時間向度」來判斷，若是長時間的騷擾則屬之，倘若僅是偶然發生一次的行爲，並不屬之；不過同時也必須從「量的向度」來判斷，也就是從次數與頻繁度來判斷是否具有適性，因此究竟如何才算長期與反覆爲之，必須整體評價。有主張一個月內必須至少有3次較爲嚴重的跟蹤或干擾行爲，或是數個月內至少有10次輕微的跟蹤騷擾行爲。但如果是以網際網路的方式騷擾，例如在網路上以被害人名義貼文提供性交易服務，即便貼文只是一次性的行

為，如果一直長期的放任不刪除貼文，也可認為以不作為方式「持續」的騷擾[5]。

日本實務則認為「反覆」的概念，是指重複為複數次的意思，包括在短時間內連續為數次，也包括一定時間間隔下規律地為數次（例如每月1次持續數年）的情形[6]。亦即依「持續時間」和「次數」等做綜合判斷，而非僅以形式的重複為該當事由判斷之；因而即使重複兩次，如果經過很長時間再重複為之，也可能不該當「重複」之意思（參照日本最高法院平成15年12月11日判決）[7]。

因此，反覆或持續之判斷，應以時間上的近接性為必要，並需就「持續時間」和「次數」等其他個別具體事案綜合判斷，甚至行為人的主觀要素亦是判斷之一。故未來確定的判斷標準，仍有賴實務案例累積歸納出。

(四) 違反意願

被害人明示或可得推定的反對，即是違反意願。然而，若被害人未表達意願或不置可否，則不屬之。

(五) 與性或性別有關

本法參考諸外國法制經驗，美國加州於1989年發生女演員遭瘋狂追求二年之粉絲殺害，同年亦有4起婦女受到前親密伴侶跟蹤騷擾後殺害等案件，促使該州於次年制定世界上第一部反跟追法案（anti-stalking laws），跟蹤騷擾者科以刑責，並累積案例形成洛杉磯警察局分類架構（LAPD framework），將行為分為「一般性強迫型」（simple obsessional stalker）、「戀愛強迫型」（love obsessional stalker）及「情愛妄想型」（erotomania）等三類。

---

[5] 王皇玉，跟蹤糾纏行為之處罰：以德國法制為中心，台大法學論叢，第47卷第4期，2018年12月，頁2376-9。
[6] 黃士軒，概觀日本糾纏騷擾行為罪的處罰概況，月旦刑事法評論，第5期，2017年6月，頁98。
[7] 今村暢好，つきまとい行為に対する刑事規制の特殊性と諸問題，松山大學論集，第30卷第5-1號，2018年12月，頁53。

　　另外，日本於1999年發生桶川事件，一女大學生被前男友跟蹤騷擾並殺害，遂於次年通過糾纏行為規制法（ストーカー行為等の規制等に関する法律）。依2021年最新修正之該法，所稱之「糾纏等」行為，係指表達對特定人之戀愛感情或其他好感，或因此等戀愛感情無法滿足轉而生怨恨之目的，對該特定人、其配偶、直系或同居之親屬、或其他與該特定人在社會生活上有密切關係之人，為：1.「糾纏盯梢」；2.「監視告知」；3.「不當追求」；4.「粗暴辱罵」；5.「通訊干擾」；6.「寄送污物」；7.「有害名譽」；8.「性羞辱事」各款行為之一者或是「未經其承諾而取得位置資訊等」。且該法所稱之「糾纏行為（ストーカー行為）」，係指對同一人，反覆進行糾纏等行為，且是就前述第1款至第4款及第5款（以有關傳送電子郵件部分為限）所揭之行為或「未經其承諾而取得位置資訊等」，而以使被害人感到其身體安全、居住之安寧或名譽受侵害，或行動自由顯著受害而感到不安之方法進行者為限。為糾纏行為之人，即使未接受禁止命令，亦將其視為犯罪，依該法第18條的規定科處一年以下懲役或100萬元以下罰金[8]。

　　我國近年來發生多起社會矚目案件，均屬行為人基於性或性別之犯行，於跟蹤騷擾過程中，造成該被害人生命、身體等重大法益遭受侵害或致生風險。典型案例如發生在2014年9月間的台大宅男殺人案，根據本案台灣高等法院108年度上重更二字第3號刑事判決顯示之犯罪事實，兩人於2014年3月交往成為男女朋友後，因個性、生活態度存有諸多差異，以致二人感情陷入低潮，而於當年9月12日雙方分手後，男方在9月14日中午無故侵入分手女友住宅，迨同日晚間8時被害人返抵住

8　日本此次修法，最主要是近年來發生交往後分手的情人，將GPS設備偷偷安裝在對方汽車上，並獲取其位置資訊案例，但2020年7月30日最高法院判決指出在汽車上安裝GPS設備不該當該法中所謂「盯梢」（見張り）行為，因若要該當於住宅等附近進行「盯梢」行為，即便是使用設備，是有必要在特定人附近的某個地方，觀察特定人動靜方是合理。促使2021年日本針對該法進行修正增定下列行為態樣：1.使用GPS設備等未經其承諾而取得位置資訊等；2.擴張被害人「現在所在之場所」概念，包含被害人碰巧路過的地方；3.含文書發送，之前僅限於撥打電話、發送電子郵件和簡訊。然此次修正最大爭論，仍是日本政府受到被害人團體強烈要求應刪除對特定人「好感」之要件，連日本不分黨派國會議員都有贊成應予以刪除看法，但最後討論結果仍保留該要件，暫不予刪除，惟要求下次修正時應以充分討論檢討之。2021年8月20日朝日新聞第13版報導，https://elaws.e-gov.go.jp/document?lawid=412AC0100000081，瀏覽日期：2022.4.4。

處，見狀要求離開，男方不理會且向被害人出示手機中之裸照恐嚇，要求性交一次作為刪照條件。又於9月19、20日，男方前往女方住處附近觀察女方行蹤時，見有男子接送女方，心情更趨複雜難過，其殺害女方再行自殺之意念加劇。男方遂於9月22日清晨攜帶鈦鋼刀與訣別信2件，前往女方租屋處附近等候，見女方出現即尾隨至路口處，趨前摟住女方肩膀，阻其行進，恫稱「我手上有刀，妳不要輕舉妄動」、「我要自殺了，今天是我人生最後一天，所以我想在人生最後一天跟妳當最後一天的男女朋友，這是我的夢想，希望妳不要破壞我的夢想」、「求妳不要破壞我的夢想，不然我怕我會跟妳同歸於盡」，女方不願配合，男方憤而萌生殺人決意，以鈦鋼刀砍殺切斷女方左側頸部，致其因出血性休克死亡。之後見女方倒地不動，即持鈦鋼刀攻擊頭部、頸部、胸口、手腕等處，復不顧被害人業已死亡，當街褪下外褲、內褲，親吻被害人遺體私處，污辱A女屍體，再將其褲子穿上[9]。

又2017年12月間，世新大學一名男大生，癡狂苦追學妹五年，還不斷跟蹤，更轉學與學妹同校，學妹受不了到警局求助，他卻像背後靈般緊跟，男大生見學妹不理他，於2017年12月11日10時許預藏水果刀，尾隨學妹到教室外，學妹說：「一點都不想理你。」男大生亮刀追殺，學妹大喊：「救命！老師救我！」仍被抓頭撞牆、壓在桌上連刺3刀，在場學生嚇壞，助教喝令時男大生才棄刀（參照2017年12月12日蘋果日報）。根據本案台灣高等法院107年度上訴字第2941號刑事判決顯示之犯罪事實，被害人在捷運上認識被告後，有一天被告向被害人表示，都是看被害人在府中站或板橋站上車，被害人當下覺得可怕，感覺自己遭被告盯上很久，有遭被告監視，所以開始拒絕被告的聯繫，後來被告會用打電話、簡訊、LINE等方式頻繁聯絡被害人，也有跟蹤被害

---

[9] 本案最後判處無期徒刑定讞，並也促成家庭暴力防治法增定第63條之1規定：「被害人年滿十六歲，遭受現有或曾有親密關係之未同居伴侶施以身體或精神上不法侵害之情事者，準用第九條至第十三條、第十四條第一項第一款、第二款、第四款、第九款至第十三款、第三項、第四項、第十五條至第二十條、第二十一條第一項第一款、第三款至第五款、第二項、第二十七條、第二十八條、第四十八條、第五十條之一、第五十二條、第五十四條、第五十五條及第六十一條之規定。前項所稱親密關係伴侶，指雙方以情感或性行為為基礎，發展親密之社會互動關係。本條自公布後一年施行。」

人，被告也曾假裝網路買家，要向被害人買東西，或是偽裝成被害人的朋友，用LINE跟被害人聯繫，被害人多次要求被告不要再騷擾被害人，希望不要再有任何接觸，但被告仍不願意停止這些騷擾行為，被害人有在臉書上以一些比較激烈的言詞回應被告，那是因為被害人遭被告多次騷擾，情緒不穩、感覺憤怒。案發當天，被告問被害人到底想要怎樣，被害人反問被告想要幹嘛，並對被告說想要被害人寄存證信函給他嗎，接著被告就拿出刀刃鋒利之水果刀，近距離猛力刺擊被害人頭、頸部，可能導致被害人死亡之結果[10]。

　　因此，依前開案例及研究得知，跟蹤騷擾行為主要源自迷戀、追求（占有）未遂、權力與控制、性別歧視、性報復或性勒索等因素，是類與性或性別有關之跟蹤騷擾行為人，無視對方意願的施加大量關注甚至意圖控制，其行為顯示將被害人當成自己的附屬品，因而具有發生率、恐懼性、危險性及傷害性四高特徵，爰本法以防制性別暴力為立法意旨，並以「與性或性別相關」定明行為構成要件；至有無該當跟蹤騷擾行為，應一併衡酌被害人主觀感受，並以「合理被害人」（指被害人面對爭議事件之感受是當時當地面對相同狀況的一般被害人常有的合理感受）為檢視標準（參照立法說明）[11]。

---

[10]　「世新情殺案」發生後，鑑於輿論之壓力，警政署也加快腳步著手研商「跟蹤騷擾防制法草案」，後經多次的研商，決定將原草案修正為「糾纏行為防制法」，而於2018年4月19日經行政院院會通過函請立法院審議。立法院內政、社會福利及衛生環境兩委員會聯席會於同年5月，便安排審查立法委員等所擬具「跟蹤騷擾防制法草案」及「糾纏行為防制法草案」與行政院函請審議「糾纏行為防制法草案」等案，並於同年5月16日初審通過「糾纏行為防制法草案」進行政黨協商，而在同年12月政黨協商完畢，並將草案名稱又改為「跟蹤騷擾防制法」。本草案是對跟騷行為採取「先行政後司法」，有別於現行跟騷法的「直接犯罪化」，基本設計是採取循序漸進、逐步加壓、先行政後司法，以保護個人身心安全、行動自由、生活私密領域或資訊隱私，免於受到跟蹤騷擾行為侵擾，並維護個人人格尊嚴。被害人受到跟蹤騷擾行為侵擾時，由警察機關開始調查，對現行實施跟蹤騷擾行為之行為人，警察機關得即時勸阻或制止，有事實足認被害人有受跟蹤騷擾行為之急迫危險者，可核發警告命令；若二年內再犯，被害人可向法院聲請防制令，行為人違反防制令，最高處三年徒刑或併科30萬元罰金。惟於2019年4月30朝野協商時，警政署以草案與其他法律重疊、案件量大恐排擠治安維護工作為由，懇請暫不推動，最終決議由內政部重新檢討。直至2021年4月8日發生在屏東的黃姓男子因跟蹤、騷擾曾姓女子，進而製造假車禍擄殺案，才促成本法之立法通過。有關本法之立法背景，可參閱許福生，跟蹤騷擾防制法爭點之評析，中央警察大學警政論叢，第21期，2021年12月，頁5-11。

[11]　本條最後在警政署擔心範圍過廣，恐侵害人權及警力負擔太重情況下，仍把跟騷定義限縮在「與性或性別」的框架裡，立法院仍照政院版條文三讀通過。縱使執政黨認為本法是補足性別暴力防制的最後一塊拼圖，是性別暴力防制大邁進，對於保護婦女安全的法制更臻完善，且聚焦在「與性或性別」，也可避免警力過度負擔。惟在野黨與婦團認為本條過度限縮範圍、定義不明確，恐形同虛

　　所謂與性或性別相關，依「消除對婦女一切形式歧視公約」（The Convention on the Elimination of all Forms of Discrimination Against Women，以下簡稱CEDAW或公約）第28號一般性建議意旨，這裡的「性」指的是男性與婦女的生理差異；「性別」指的是社會意義上的身分、歸屬和婦女與男性的作用，以及社會對生理差異所賦予的社會和文化含義，正導致男性與婦女之間的等級關係，亦造成男性在權力分配和行使權利時處於有利地位，婦女則處於不利地位。而在CEDAW性別歧視定義指出，「任何區別、排斥或限制行為，如果其影響或目的足以妨礙或否認婦女認識、享有或行使其人權和基本自由，這類行為及屬歧視，即使這類歧視並非有意為之」。這可能意味即使對婦女和男性給予相同或中性的待遇，若不承認婦女在性別方面，本來已處於弱勢地位且面臨不平等，前述待遇的後果或影響，將導致婦女行使其權利時受拒，則仍可能構成對婦女的歧視。又雖然CEDAW僅提及性歧視，但依第28號一般性建議意旨，結合對CEDAW第1條[12]和第2條(f)款[13]和第5條(a)款[14]的解釋表明，CEDAW也涵蓋對婦女的性別歧視；亦即隨著法治化發展、性別主流化概念普及與性別意識提升，CEDAW保護範圍已不限生理女性，而擴及各種性別及性取向者。

　　再者，儘管在其關於暴力侵害婦女行為，CEDAW第12號一般性建議中首次提到，「各締約國採取行動，保護婦女不受發生在家庭、工作崗位或其他社會生活領域內的任何暴力行為之害」，但委員會在CEDAW第19號一般性建議中才提供了關於暴力侵害婦女行為的詳細和

設，被害人可能無法即時得到國家的協助。確實，無端被「跟騷」未必「與性或性別」有關，且行為過程未必有機會讓當事人表示「違反其意願」，有些也未必「與性或性別」有關，如因職場工作關係或因宗教、種族、國籍或身障等其他因素而進行的跟騷，同樣違反當事人意願，甚至更令人恐懼，卻因與「與性或性別」無關而不受規範，這種法律的差別對待，恐怕也不是社會所期待的，也為本法通過留下諸多爭議。參照許福生，跟蹤騷擾防制法爭點之評析，中央警察大學警政論叢，第21期，2021年12月，頁18。

[12] 第1條規定：在本公約中，「對婦女的歧視」一詞指基於性別而做的任何區別、排斥或限制，其影響或其目的均足以妨礙或否認婦女不論已婚未婚在男女平等的基礎上認識、享有或行使在政治、經濟、社會、文化、公民或任何其他方面的人權和基本自由。

[13] 第2條(f)款規定：採取一切適當措施，包括制定法律，以修改或廢除構成對婦女歧視的現行法律、規章、習俗和慣例。

[14] 第5條(a)款規定：改變男女的社會和文化行為模式，以消除基於性別而分尊卑觀念或基於男女任務定型所產生的偏見、習俗和一切其他做法。

全面概述，並提供了其後續就該問題開展工作的依據，認為「歧視的定義包括基於性別的暴力」，即因為婦女的性別而對之施加的暴力或不成比例地影響婦女的暴力，且其構成對人權的侵犯，包括身體、心理或性的傷害、痛苦、施加威脅、壓制和剝奪其他行動自由。之後關於基於性別的暴力侵害婦女行為，CEDAW第35號一般性建議，更新第19號一般性建議，即係「基於性別的暴力侵害婦女行為」是一種將「女性在地位上從屬於男性」及其「陳規定型角色加以固化」的根本性社會、政治和經濟手段，此種暴力對實現男女平等以及婦女享有公約所規定的人權和基本自由構成了嚴重阻礙。

　　因此，「性別暴力」是一種「基於性別的暴力侵害婦女行為」，以明示性別造成的原因和對暴力的影響，不再僅以衝突、報復等人際行為動機視之，而強調這種暴力是鞏固宰制的手段。且近年來隨著性別意識提升，亦包含同性戀、雙性戀、跨性別等多元性別暴力範疇；特別是本法在草擬時，重申「過度追求就是性騷擾」，似乎有意將本法所稱「與性或性別有關」的要件與性騷擾防治法的「性騷擾」概念連結在一起，藉此來限縮跟蹤騷擾防制法的適用範圍，以避免警力過度負擔。

　　依據性騷擾防治法所稱性騷擾，係指性侵害犯罪以外，對他人實施違反其意願而與性或性別有關之「交換利益性騷擾」或「敵意環境性騷擾」行為之一。「性騷擾」是一種非自願性、不受歡迎且是令人不愉快的（感受），與性或性別有關言語或身體行為（內容與樣態），而且該行為目的或結果會影響正常生活進行（結果）。至於性騷擾態樣，包含：1.性的騷擾：(1)涉及言語，如在課堂或辦公室開黃腔；(2)涉及不當碰觸，如上下其手、強抱或強吻；(3)涉及散播文字、圖畫、影音；(4)涉及過度追求、不當追求、電子郵件騷擾、簡訊騷擾、跟監、分手報復等；(5)其他，如指定座位、穿著、敵意注視偷窺、要求發生性行為等；2.性別的騷擾：(1)性別特質如說人娘娘腔、男人婆；(2)性別認同如說人不男不女；(3)性別傾向如發表歧視同性戀之言語等。

　　現若依此來反推，「與性或性別有關」而具有性或性別意涵包含多元性別有關行為的要件，或許可區分為：1.與性相關的行為，是指行為

人基於性而爲的行爲，如要求交往、過度或不當追求、癡情迷戀；2.與性相關的暴力行爲，如爲滿足性慾的性侵害、性剝削、性攻擊、家庭暴力行爲，和破壞被害人所享與性有關寧靜及不受干擾平和狀態之性騷擾行爲[15]；3.與性別相關的行爲，是指行爲人基於男女生理差異，而做的不同對待行爲，如粗重的工作就是男生要做、女性不適合夜間工作[16]；4.與性別相關的暴力行爲，如性別歧視、性霸凌、性貶抑、性威脅等言行舉止。

(六)行爲類型

　　本法爲明確規範所欲防制之跟蹤騷擾行爲，並使民眾清楚知悉或具體認知可罰行爲之內容，將跟蹤騷擾行爲分爲如下八類態樣，以資明確。

表4-2　我國跟蹤騷擾行爲態樣

跟騷態樣	行為列舉
1.「監視跟蹤」 監視、觀察、跟蹤或知悉特定人行蹤。	如緊跟在被害人後面、持續性關注被害人行蹤。
2.「盯梢尾隨」 以盯梢、守候、尾隨或其他類似方式接近特定人之住所、居所、學校、工作場所、經常出入或活動之場所。	如在被害人住居所等經常出入等地附近守候、尾隨在被害人身後、埋伏在被害人通勤或通學的途中、行爲人受退去之要求仍留滯該等場所。

（接下頁）

---

[15] 按性騷擾防治法第25條強制觸摸罪即在規範對被害人之身體爲偷襲式、短暫式、有性暗示之不當觸摸，含有調戲意味，而使人有不舒服之感覺，但不符合強制猥褻之構成要件之行爲而言。如此，強制猥褻罪乃以其他性主體爲洩慾之工具，俾求得行爲人自我性慾之滿足，強制觸摸罪則意在騷擾觸摸之對象，不以性慾之滿足爲必要：究其侵害之法益，前者乃侵害被害人之性自主權，即妨害被害人性意思形成、決定之自由，後者則尚未達於妨害性意思之自由，而僅破壞被害人所享有關於性、性別等，與性有關之寧靜、不受干擾之平和狀態（參照最高法院109年度台上字第862號刑事判決意旨）。有關兩者之區別，可參照許福生，強制猥褻或是強制觸摸案例之分析，警光雜誌，第785期，2021年12月，頁38-45。

[16] 司法院釋字第807號解釋文即表示：「勞動基準法第49條第1項規定：『雇主不得使女工於午後十時至翌晨六時之時間內工作。但雇主經工會同意，如事業單位無工會者，經勞資會議同意後，且符合下列各款規定者，不在此限：一、提供必要之安全衛生設施。二、無大眾運輸工具可資運用時，提供交通工具或安排女工宿舍。』違反憲法第7條保障性別平等之意旨，應自本解釋公布之日起失其效力。」

跟騷態樣	行為列舉
3.「威脅辱罵」 對特定人為警告、威脅、嘲弄、辱罵、歧視、仇恨、貶抑或其他相類之言語或動作。	如大聲喝斥被害人混蛋、在被害人住家外狂叫或亂按喇叭、對被害人發表性別歧視言論。
4.「通訊干擾」 以電話、傳真、電子通訊、網際網路或其他設備，對特定人進行干擾。	如撥打無聲電話或發送內容空白之傳真或電子訊息給被害人、不論是否遭到拒絕仍繼續撥打電話、傳真到被害人電話、不論是否遭到拒絕仍不斷發送傳真或傳送電子訊息給被害人。
5.「不當追求」 對特定人要求約會、聯絡或為其他追求行為。	如不管是否遭到拒絕希望被害人與其交往、約會或出遊。
6.「寄送物品」 對特定人寄送、留置、展示或播送文字、圖畫、聲音、影像或其他物品。	如對被害人寄送禮物、文書或影音等物品。
7.「有害名譽」 向特定人告知或出示有害其名譽之訊息或物品。	如將傷害被害人名譽的訊息或物品寄送給被害人。
8.「濫用個資」 濫用特定人資料或未經其同意，訂購貨品或服務。	如未經被害人同意以被害人名義訂購物品。

資料來源：作者自製。

　　我國在跟騷行為態樣的定義上，相較於日本法所稱之「糾纏等」行為態樣（如表4-3所示），用語較輕，如只規定「監視跟蹤」、「寄送物品」、「要求約會、聯絡或其他追求行為」，然日本法用語顯得較為具體、強烈，如「監視告知」、「寄送穢物」、「要求面會、交際或其他並無義務之事」。縱使如此，我國所規範的跟騷行為除了要滿足一定行為態樣外，該等行為需對「特定人反覆或持續」為「違反其意願且與性或性別有關」，並讓被害人主觀上達到「心生畏怖，足以影響日常生活或社會活動」，還是有一定的嚴謹度，只是在用語上確實可參考日後實行狀況，適時檢討調整之。

表4-3 日本「糾纏等」行為態樣

「糾纏等」態樣	行為列舉
1.「糾纏盯梢」 糾纏、埋伏、妨害行進，或於住居、工作場所、學校、其他現在所在之場所或通常所在之場所（以下稱「住居等」）之附近盯梢，擅闖住居，或無故於住居等之附近徘徊。	1. 糾纏在被害人身後。 2. 埋伏在被害人通勤或就學途中。 3. 在被害人住所、公司、學校或碰巧路過等地附近看守。 4. 強行闖入被害人住所。
2.「監視告知」 告知行動正被監視中之事項，或放置於其可得知之狀態。	1. 被害人回到家時打電話給被害人說「歡迎到家」。 2. 以電話或網際網路告知被害人某日行蹤。 3. 告知被害人不論何時何地都在監視他。
3.「不當追求」 要求會面、交往或其他並無義務之事。	1. 要求與被害人交往、約會。 2. 要求被害人收受其寄送禮物或其他並無義務之事。
4.「粗暴辱罵」 顯著實施粗魯或粗暴之言行舉止。	1. 大聲喝斥被害人混蛋。 2. 在被害人住家外狂叫。
5.「通訊干擾」 濫打無聲電話，或雖被拒絕但仍連續打電話、寄送文書、使用傳真機傳送訊息、使用電子郵件傳送訊息等。	1. 被害人接起電話時都不出聲。 2. 不論是否遭拒一直打電話給被害人。 3. 不論是否遭拒不斷發送文書、傳真、電子郵件給被害人。
6.「寄送穢物」 寄送穢物、動物屍體或其他明顯使人不快或嫌惡之物，或放置於其可得知之狀態。	1. 將穢物、動物屍體等明顯使人不快之物寄送至被害人家中。 2. 將排泄物、動物屍體等明顯使人不快之物放在被害人汽車上。
7.「有害名譽」 告知有害其名譽之事項，或放置於其可得知之狀態。	1. 將傷害被害人名譽的資料寄送給被害人。 2. 將傷害被害人名譽的文章透過網路傳遞。
8.「性羞辱事」 告知有害其性方面羞恥心之事項，或放置於其可得知之狀態，或送出有害性方面羞恥心之文書、圖畫與電磁紀錄（係指以電子方式、電磁方式或其他依據人的知覺無法認識之方式所製作之紀錄，而提供由電子計算機為資訊處理之用者。以下於本款同）有關之記錄媒體等或其他之物；或放置於其可得知之狀態；或傳送有害其性方面羞恥心之電磁紀錄及其他紀錄，或放置於其可得知之狀態。	1. 寄送猥褻圖片、影像或在網路上刊登或播放猥褻圖片、影像。 2. 透過電話或網際網路以猥褻言語、文字羞辱被害人。
9.未經其承諾而取得位置資訊等。	1. 在車子上偷偷地裝置GPS設備。 2. 竊取裝置GPS設備的位置資訊。

資料來源：令和3年法律第45號，ストーカー規制法。

(七)使心生畏怖足以影響正常生活或其他社會活動

畏怖之判斷標準，應以已使被害人明顯感受不安或恐懼，並逾越社會通念所能容忍之界限。判斷上不必繫於被害人之生活方式實際已有所改變，只要能具體指出一些受干擾之徵兆，如壓力來自於行為人跟騷即可。又通常應配合跟蹤騷擾的行為方式、次數、頻率，以各被害人主觀上之感受，綜合社會通念判斷之。如同刑法第305條恐嚇安全罪規定於妨害自由罪章，「以該法第305條規範對於以加害生命、身體、自由、名譽、財產之事，恐嚇他人致生危害於安全者之刑責，目的在於保護個人免受不當外力施加恐懼的意思自由法益；倘以使人畏怖為目的，為惡害之通知，受通知人因心生畏懼而有不安全感，即該當於本罪，不以客觀上發生實際的危害為必要；又惡害之通知方式並無限制，凡一切之言語、舉動，不論直接或間接，足以使他人生畏懼心者，均包含在內；至是否有使被害人心生畏懼，應以各被害人主觀上之感受，綜合社會通念判斷之」[17]。

因此，有關跟蹤騷擾之認定，應就個案審酌事件發生之背景、環境、當事人之關係、行為人與被害人之認知及行為人言行連續性等具體事實為之（參照本法細則第6條）。如同性騷擾之認定，應依個案事件發生之背景、當事人之關係、環境、行為人言詞、行為及相對人認知等具體事實綜合判斷，應由被害人感受出發，以其個人觀點思考，著重於被害人主觀感受及所受影響，非以行為人侵犯意圖判定，但須輔以「合理被害人」標準，考量一般人處於相同之背景、關係及環境下、對行為人言詞或行為是否通常有遭受性騷擾之感受而認定[18]。

---

[17]　參照最高法院107年度台上字第1864號刑事判決。
[18]　參照台北高等行政法院108年度訴字第1397號判決。

伍 警察機關受理後之處置作為

　　警察機關受理跟蹤騷擾行為案件，應即開始調查、製作書面紀錄，並告知被害人得行使之權利及服務措施。前項案件經調查有跟蹤騷擾行為之犯罪嫌疑者，警察機關應依職權或被害人之請求，核發書面告誡予行為人；必要時，並應採取其他保護被害人之適當措施。

一、啟動刑事調查程序

　　警察機關受理跟蹤騷擾行為案件，應即開始調查、製作書面紀錄。亦即司法警察（官）知有跟騷之犯罪嫌疑者，除依刑事訴訟法開始調查外，應不待被害人提出告訴或自訴，以通知、警告、制止等方法，使行為人即時停止跟騷，以達迅速保護被害人，且可供檢察機關實施強制處分之參考，或法院審核是否核發保護令之前提；又在此所稱犯罪嫌疑，係指有初始嫌疑即可，無須達到司法警察（官）移送檢察官或檢察官提起公訴之程度，但非單純臆測而有該犯罪可能者。

二、核發書面告誡

　　依日本實務研究，部分跟蹤騷擾行為人對其已實際影響他人之作為欠缺自覺，故在糾纏行為規制法以「警告」要求行為人不得再為之，縱使違反警告並無罰則規定，仍有八成以上行為人經受警告後即停止再為跟蹤騷擾，故本法參考日本立法例設計「書面告誡」制度。又「書面告誡」性質，屬刑事調查程序中之任意處分（參照立法理由）[19]。其目的在於讓警察能即時介入，透過書面告誡方式，遏阻行為人再犯，達到保護被害人目的。因此，案件經調查有跟蹤騷擾行為之犯罪嫌疑者，警察機關應依職權或被害人之請求，核發書面告誡予行為人。

---

[19] 書面告誡對被告誡人仍有一定之強制法效果，且期間長達二年，對於被告誡人之人身自由、隱私及名譽難免有所侵害，書面告誡救濟授權警察機關得自行認定，未受檢察官及法院之監督，是否合乎正當法律程序原則之要求，仍值得關注。

所核發之書面告誡，應記載下列事項：(一)行為人之姓名、性別、出生年月日、國民身分證統一編號或其他身分證明文件字號及住所或居所；(二)案由；(三)告誡事由；(四)違反之法律效果；(五)救濟方式。書面告誡之送達，行為人在場者，應即時行之。第1項書面告誡之核發或不核發，應以書面通知被害人，且所為書面告誡之核發，不以被害人提出告訴為限（參照本法細則第9條及第10條）。

倘若警察機關為危害防止，經審認個案有即時約制行為人再犯之必要者，應不待被害人請求，主動核發書面告誡（參照本法細則第11條）。

三、表示異議之處理

行為人或被害人對於警察機關核發或不核發書面告誡不服時，得於收受書面告誡或不核發書面告誡之通知後10日內，經原警察機關向其上級警察機關表示異議。前項異議，原警察機關認為有理由者，應立即更正之；認為無理由者，應於5日內加具書面理由送上級警察機關決定。上級警察機關認為有理由者，應立即更正之；認為無理由者，應予維持。行為人或被害人對於前項上級警察機關之決定，不得再聲明不服。

行為人或被害人依本條表示異議時，應以書面為之，載明下列事項：(一)異議人之姓名、出生年月日、國民身分證統一編號或其他身分證明文件字號及住所或居所；(二)異議之事實及理由；(三)證據；(四)書面告誡或不核發書面告誡通知文書之日期、案（字）號。至於條文所稱更正，指依行為人異議，撤銷書面告誡；或依被害人異議，核發書面告誡予行為人（參照本法細則第12條及第13條）。

四、被害人權利告知及保護措施

為防止跟蹤騷擾行為惡化，參考家庭暴力防治法第48條等規定，明定警察機關受理跟騷案件後，應告知被害人得行使之權利及服務措

施，如可依相關性平三法提出性騷擾申訴；必要時，並應採取其他保護被害人之適當措施，如參考家暴法規定護送被害人返家及查訪相對人與訪查被害人及其家庭成員。或可參考日本所提供的保護措施，如輔導如何防治措施、租借監視器材、防犯警報鈴等物品防範加害人的進一步動作；教導記錄及蒐集行為人相關騷擾證據[20]；身心受損相關證明文件等資料且需常與相關部門密切地聯繫，以協助被害人[21]；或轉介相關目的事業主管機關，依權責提供被害人保護服務措施[22]（如圖4-2所示）。

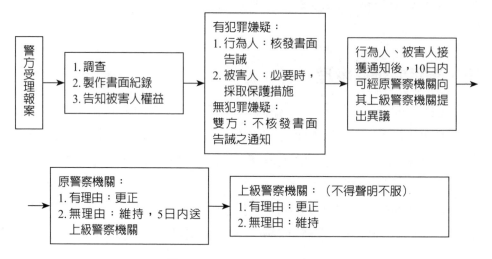

圖4-2　警方受理報案之處置

資料來源：法務部。

---

[20] 如：1.詳細記錄事件發生的人事時地物；2.保存確鑿的證據，包含蒐集證人姓名、聯絡方式、相關證據資料如照片及監視錄影；3.記錄你對本事件之處理方式；4.對方或相關人之回應和結果；5.記錄本事件對你的影響及對生活的轉變等。
[21] 近藤朋子，日本跟蹤騷擾行為規制法之研究，涉外執法與政策學報，第8期，2018年5月，頁170-2。
[22] 目前各地警察局所規劃受理跟騷案件安全提醒單，其保護資訊包含：1.冷靜應對尋求協助；2.蒐集證據記錄過程；3.提升自我防衛意識；4.避免直接正面接觸；5.緊急求救撥打110專線。

陸 相關保護令規定

一、聲請保護令

在行為人經警察機關為書面告誡後二年內，再為跟蹤騷擾行為者，被害人得向法院聲請保護令；被害人為未成年人、身心障礙者或因故難以委任代理人者，其配偶、法定代理人、三親等內之血親或姻親，得為其向法院聲請之。又檢察官或警察機關身為公益的代表，得依職權向法院聲請保護令，倘檢察官或警察機關，考量個案具體危險情境，且不受書面告誡先行之限制，可直接依職權向法院聲請保護令，如此也可發揮類似緊急保護令之作用（參照本法細則第15條）。

至於家庭暴力防治法所定家庭成員間、現有或曾有親密關係之未同居伴侶間之跟蹤騷擾行為，應依家庭暴力防治法規定聲請民事保護令，不適用本法關於保護令之規定。乃因家庭暴力防治法已針對家庭暴力之特性，就民事保護令之核發及其款項，以及違反保護令之效果，有周全之規範，為求對家庭暴力被害人保護之一致性，就家庭成員間或現有或曾有親密關係之未同居伴侶間所為之跟蹤騷擾行為，應依家庭暴力防治法規定聲請民事保護令（含緊急、暫時及通常民事保護令），而不適用本法有關聲請保護令之規定。

二、保護令效力

法院於審理終結後，認有必要者，應核發包括下列一款或數款之保護令，不受聲請之限制：(一)禁止相對人為跟蹤騷擾行為，並得命遠離特定場所一定距離；(二)為了保護被害人個資，法院也可以禁止相對人查閱被害人戶籍資料；(三)如果相對人有治療需要，也可命相對人完成治療性的處遇計畫；(四)其他為防止相對人再為跟蹤騷擾行為之必要措施。相對人違反(一)至(三)這些保護令要求，會構成違反保護令罪，可處三年以下有期徒刑、拘役或科或併科新臺幣30萬元以下罰金。另違

反核發其他爲防止再爲跟蹤騷擾行爲之必要措施，不在違反保護令罪的範圍。又爲避免相對人藉由記載事項獲知聲請人或被害人之住所、居所及其他聯絡資訊，進而繼續跟蹤騷擾或衍生其他不法侵害，規定法院得不記載之這些相關資訊。

保護令有效期間最長爲二年，自核發時起生效。屆滿前，法院可以依被害人聲請，或職權撤銷、變更或延長。延長的效期，每次一樣不能超過二年。此外，檢察官跟警察機關，也可以向法院聲請延長保護令的有效期間。另保護令由直轄市、縣（市）主管機關執行之；執行之方法、應遵行程序及其他相關事項之辦法，由中央主管機關定之。

柒 跟騷行為之處罰規定

一、普通跟蹤騷擾罪

跟騷行爲具態樣複合性，常係多種不法侵害之行爲同時進行，另因其係對特定人反覆或持續實施侵擾，使被害人長期處於不安環境中，嚴重影響其正常生活之進行，侵害個人行動及意思決定自由，故實行跟蹤騷擾行爲者，處一年以下有期徒刑、拘役或科或併科新臺幣10萬元以下罰金。另因跟騷行爲，其一定程度著重於被害人主觀感受其所受影響，基於尊重被害人意志決定自由，本罪屬告訴乃論之罪。

二、加重跟蹤騷擾罪

攜帶凶器或其他危險物品實行跟蹤騷擾行爲，其犯罪之手段已加重，危險及惡害均提升、情節更嚴重，故加重其刑度可處五年以下有期徒刑、拘役或科或併科新臺幣50萬元以下罰金，且屬非告訴乃論之罪。目前實務上對於所謂「凶器」之種類並無限制，凡客觀上足對人之生命、身體、安全構成威脅，具有危險性者，均屬之（參照最高法院100年度台上字第2672號刑事判決）；但器械是否危險除一般用途外，

還是要考慮在特定脈絡下，做綜合評價，避免處罰過重，特別是本罪跟蹤類型範圍相當廣泛，仍需依個案綜合判斷。

三、違反保護令罪

法院核發保護令後，相對人仍違反其內容者，顯已侵害被害人之人身安全、社會活動及法律威信，故違反法院所核發：(一)禁止相對人為跟蹤騷擾行為；(二)命遠離特定場所一定距離；(三)禁止相對人查閱被害人戶籍資料；(四)命相對人完成治療性的處遇計畫等行為之一者，可處三年以下有期徒刑、拘役或科或併科新臺幣30萬元以下罰金。

四、調查跟騷行為可調取通聯紀錄

依照通訊保障及監察法規定，檢察官或司法警察官要調取通訊使用者資料或通訊紀錄，原則要取得法院核發的調取票，而且調查的罪名也限制在「最重本刑三年以上有期徒刑之罪」，過去像是輕罪的公然侮辱、誹謗，都不在可以調取的範圍。本法有關實行跟騷行為罪法定刑是一年以下有期徒刑也是輕罪，本來也不在可以調取通訊使用者資料跟通訊紀錄的範圍，但本法特別規定，檢察官偵查實行跟騷行為之罪及司法警察官因調查犯罪情形、蒐集證據時，認有調取通信紀錄及通訊使用者資料之必要時，不受通訊保障及監察法第11條之1第1項所定最重本刑三年以上有期徒刑之罪之限制，可調取之。

五、可實施預防性羈押

跟蹤騷擾行為具反覆或持續性，再犯率高，自有增列預防性羈押之必要。故為了更周延保護被害人，行為人經法官訊問後，認其犯「攜帶凶器或其他危險物品實行跟蹤騷擾行為」或「違反保護令」之罪嫌疑重大，有事實足認為有反覆實行之虞，而有羈押之必要者，得羈押之。

捌　跟騷法與性平三法之競合

　　我國自1997年起陸續立法通過防治性別暴力法案，包括1997年通過「性侵害犯罪防治法」，1998年通過「家庭暴力防治法」、2002年通過「性別工作平等法」（以下簡稱性工法），2004年通過「性別平等教育法」（以下簡稱性平法），2005年通過「性騷擾防治法」（以下簡稱性騷法）等，顯示我國對於防治性別暴力之決心。大體上來說，性侵害犯罪防治法立法目的，係為防治性侵害犯罪及保護被害人權益。家庭暴力防治法，則係為防治家庭暴力行為及保護被害人權益。性工法從保障員工工作權角度出發，於第三章規定「性騷擾之防治」，規範職場性騷擾事件，並課予雇主一定義務做性騷擾之事前預防或事後處理，並由勞動部擔任中央主管機關。性平法從保障學生受教權觀點出發，於第四章規定「校園性侵害、性騷擾及性霸凌之防治」，規範校園內性騷擾事件，並課予學校一定義務做性騷擾之事前預防或事後處理，並由教育部擔任中央主管機關。性騷法從人身安全角度出發，規範職場及校園以外之公共場所或各場所性騷擾事件，並強制機構負起性騷擾防治責任，建立調解制度，並增訂第25條強制觸摸罪，以補刑法強制猥褻罪之限制。依照性騷法第1條第2項規定：「有關性騷擾之定義及性騷擾事件之處理及防治，依本法之規定，本法未規定者，適用其他法律。但適用性別工作平等法及性別平等教育法者，除第十二條、第二十四條及第二十五條外，不適用本法之規定。」亦即，不適用性別工作平等法與性別平等教育法當事人，皆可適用性騷擾防治法規定。是以，判斷是否有性騷擾防治法適用時，先確定案件是否適用性別工作平等法或性別平等教育法，無前開二法適用，即屬性騷擾防治法適用範圍[23]。

　　自性騷法等性平三法施行後，被害人除了可以追究行為人傳統上刑事、行政及民事法律責任外，尚可採取申訴途徑，在花費成本較低、救

---

[23]　許福生，警察處理性騷擾案例分析，警光雜誌，第777期，2021年4月，頁34。

濟時間較短情形下，要求雇主或學校對行為人調查處置；而在職場性騷擾事件，依性工法規定，被害人尚可要求其雇主立即採取有效糾正補救措施，維護其人身安全，對被害人而言多了一種救濟途徑[24]。但性平三法沒有聲請保護令規定，且多屬行政罰或相關懲處機制及民事求償規定，難以遏阻行為人。再者，性騷擾必須是與「性或性別」有關的言行，須從整體環境觀察其是否製造令人不舒服的「創造敵意環境」或「利益交換」，不同對象處理程序不同，對加害者約束力不足，亦未看到「反覆、持續性」之跟騷脈絡，即時性不足。而家庭暴力防治法中雖設禁止跟蹤騷擾之保護令制度，但適用對象僅限家庭成員間及年滿16歲親密關係未同居伴侶之暴力行為，對於一般關係之人無法適用，亦未看到「反覆、持續性」之跟騷脈絡。

　　反觀跟騷法將對特定人反覆或持續為違反其意願且與性或性別有關之跟騷行為視為犯罪，論罪科刑並有書面告誡及保護令等措施，以強化被害人保護。因此，即時約制的書面告誡及保護令機制，可是全新的保護型態，便會與現行的性平三法及家暴法產生法規競合問題，縱使如本法第1條立法說明所稱：「現行其他法律因考量當事人之身分、關係、場所（域）或性別等（如家庭暴力防治法、性騷擾防治法、性別工作平等法或性別平等教育法），別有調查、預防、處遇、處罰或其他規定者，亦得適用之，併予說明。」如此若有跟騷行為，當然可核發書面告誡並啟動刑事偵查程序，二年內若再犯可核發保護令。同時警察機關受理跟蹤騷擾行為案件，因跟騷行為本質具有「性或性別有關」，也可說是性騷擾行為態樣之一，當然可以依其發生情境循性平三法規定提出申訴或告訴；故員警亦應詢問當事人是否提出刑事告訴及性騷擾申訴，如併提告訴或申訴，調查筆錄或訪談紀錄應分開製作（如表4-4所示）。只是現行家暴法對於家庭成員及年滿16歲親密關係之未同居伴侶，其有關保護令之核發及其相關保護措施與效力，已有一套嚴密規範機制，

---

[24] 王如玄，跟蹤騷擾防制法與性騷擾防治三法之交錯運用，警察法學與政策，第2期，2022年5月，頁51。

如果競合的話，反而會產生實務運作上很大困難。因而本法第5條第4項明文規定：「家庭暴力防治法所定家庭成員間、現有或曾有親密關係之未同居伴侶間之跟蹤騷擾行為，應依家庭暴力防治法規定聲請民事保護令，不適用本法關於保護令之規定。」確實是明智之舉，避免法規競合適用上之問題。

表4-4　跟騷法與性騷法之區別

適用法律	性騷擾防治法	跟蹤騷擾防制法
定義	係指性侵害犯罪以外，對他人實施違反其意願而與性或性別有關之行為，且有下列情形之一者： 一、以該他人順服或拒絕該行為，作為其獲得、喪失或減損與工作、教育、訓練、服務、計畫、活動有關權益之條件。 二、以展示或播送文字、圖畫、聲音、影像或其他物品之方式，或以歧視、侮辱之言行，或以他法，而有損害他人人格尊嚴，或造成使人心生畏怖、感受敵意或冒犯之情境，或不當影響其工作、教育、訓練、服務、計畫、活動或正常生活之進行。	係指以人員、車輛、工具、設備、電子通訊、網際網路或其他方法，對特定人反覆或持續為違反其意願且與性或性別有關之「監視跟蹤」、「盯梢尾隨」、「威脅辱罵」、「通訊干擾」、「不當追求」、「寄送物品」、「有害名譽」、「濫用個資」等八類行為之一，使之心生畏怖，足以影響其日常生活或社會活動。
適用對象	適用性別平等教育法、性別工作平等法以外之性騷擾者，包含對特定人或不特定人為之者。	對特定人跟騷擾者。
行為類型	「交換利益性騷擾」及「敵意環境性騷擾」等二類行為類型。	「監視跟蹤」、「盯梢尾隨」、「威脅辱罵」、「通訊干擾」、「不當追求」、「寄送物品」、「有害名譽」、「濫用個資」等八類行為類型。
次數或時間	含反覆持續或單次隨機為之。	反覆或持續為之。
行為內涵	指性侵害犯罪以外實施違反其意願而與性或性別有關。	違反其意願且與性或性別有關。

（接下頁）

適用法律	性騷擾防治法	跟蹤騷擾防制法
保護機制	1.不同對象處理程序不同，對加害者約束力不足。 2.未看到「反覆、持續性」之跟騷脈絡，即時性不足。 3.多屬行政罰或相關懲處機制及民事求償規定，且缺乏即時介入保護機制。	除論罪科刑外，並有書面告誡、保護令及預防性羈押等即時介入保護機制。
申訴告訴	受（處）理為性騷擾者僅能申訴，但為強制觸摸罪可告訴亦可申訴（第2條、第25條）。	受（處）理跟蹤騷擾案件，如同時構成性騷擾及跟蹤騷擾罪，可刑事告訴及告知可提出性騷擾申訴或告訴。

資料來源：作者自製。

玖　本案例之處理

一、當時警方之處理過程

　　本案於2020年7月31日，民眾自行來電報案，警方到場了解後發現B男為精神異常男子且報案人當時亦無提及有長期騷擾之情事，經警方勸導後B男自行離去，未再有需警方協助之情事。之後同年11月2日，110獲報稱店家遭人騷擾，指派員警到場處理，係報案人A女聲稱B男到三樓櫃位自言自語遂報警請求協助，經警方到場發現B男精神異常，經勸離後B男搭乘捷運離去。

　　又同年11月6日，A女至派出所報案，稱遭B男騷擾，本案警方依調查結果，認為A女長期遭受B男跟蹤，深受困擾，特別是在同年11月2日再遭其跟蹤且經勸阻無效，並經A女檢具相關事證至派出所報案，經檢視A女所提供事證，B男犯行循勘認定，核其所為顯有違反社會秩序維護法第89條第2款（無正當理由跟追他人經勸阻不聽者處新臺幣3,000元以下罰鍰或申誡），全案依法裁處新臺幣1,000元整。

　　由於本案依當時之規定，警方只能依社會秩序維護法第89條第2款之規定裁處罰鍰，然此規定只針對單一行為處罰，即時性不足，且罰則

太輕對加害者約束力不足，又未看到「反覆、持續性」之跟騷脈絡，如此也導致A女在不堪其擾下，從該專櫃離職。面對這樣的困境，確實有必要制定跟騷法來保護個人身心安全。

二、本法施行後本案例之處理

(一)受理階段

本案若依施行後之跟騷法規定，警方受理A女報案後：1.詢明案情，初步判斷確認是否符合跟騷構成要件，即B男對A女是以人員之方式，在違反其意願情況下，出於愛戀、喜好目的，反覆持續為四個多月的盯梢、守候行為，使A女心生畏怖足以影響其日常生活，已涉及跟蹤騷擾行為之罪嫌及職場性騷擾；2.依本案案情初步判斷應同時構成性騷及跟騷，應進行警政婦幼系統跟蹤騷擾子系統通報並開案取（代）號；3.詢問A女是否提出刑事告訴及性騷擾申訴，如併提告訴或申訴，應分別製作調查筆錄及訪談紀錄；4.跟騷法第18條第1項普通跟騷罪屬告訴乃論之罪，務必詢問A女是否提出告訴，並注意確實查明發生時地，以利案件管轄權之歸屬；若A女亦提出性騷擾申訴，則應查明A女及B男身分，以決定告知如何進行性平三法申訴；5.受理報案系統開立案件證明單給A女。

(二)調查階段

1.受理後啟動刑事調查，必要時可依刑事訴訟法等相關規定發動刑事強制處分，蒐集相關事證，如調閱監視器及詢問相關證人，確認二人關係，了解B男於7月31日至11月初持續盯梢A女過程之言行舉止，特別是7月31日民眾報案警方到場瞭解後，為何至11月2日又不斷盯梢守候；A女對本事件之處理方式及對方之回應，本事件對A女生活影響與轉變等，並就「持續時間」、「次數」及B男的主觀要素等其他個別具體事案綜合判斷，以確認是否有反覆或持續實施與性或性別有關的

尾隨、盯梢行為，而使A女心生畏怖足以影響其日常生活或社會活動；
2.11月2日又若獲報後到達現場，有足夠證據認定B男正在對A女實施符
合跟騷行為構成要件時，可依現行犯逮捕及發動相關刑事強制處分。

(三)啟動即時保護措施

　　1.書面告誡，不論A女是否提出跟蹤騷擾告訴，有跟騷嫌疑者可依
A女請求，核發書面告誡；倘若員警到達現場後，為危害防止，依專業
判斷，認為本案因已持續盯梢四個多月且客觀上已造成被害人害怕躲在
廁所時，認有即時約制行為人再犯之必要者，應不待被害人請求，應依
職權核發書面告誡B男。B男若對核發之書面告誡有異議，可經原處分
警察分局向其警察局表示異議救濟之；2.對A女保護措施：員警受理本
案後，應告知被害人得行使之權利及服務措施，如判斷是職場性騷擾可
依性別工作平等法提出性騷擾申訴；必要時，並應採取其他保護被害人
之適當措施，如護送被害人返家及查訪相對人與訪查被害人及其家庭成
員；或是參考日本警方做法，如教導防範措施並記錄及蒐集相關事證；
或轉介相關權責機關保護服務之；3.保護令聲請：經書面告誡後，二
年內B男再有跟騷行為，A女得聲請保護令；倘若員警考量本個案具體
危險情境已明顯可見造成A女重大身心恐懼，可不受書面告誡先行之限
制，究依職權聲請保護令，且在職權聲請保護令時，如B男有精神疾病
註記，需特別說明請法官核發命相對人完成治療性處遇計畫令，如再有
違反保護令嫌疑重大有事實足認為有反覆實行之虞，建請預防性羈押。

(四)刑案移送

　　本罪若依據跟騷罪構成要件逐一檢視，B男之行為完全符合：1.實
行方式：以人員為之；2.對特定被害人：A女；3.反覆或持續實施:時間
持續四個月；4.違反其意願：A女已明示求救及躲避；5.與性或性別有
關：基於愛戀、好感等屬戀愛強迫型；6.行為類型：盯梢、守候；7.使
心生畏怖足以影響其日常生活或社會活動：害怕躲在廁所等要件，且相

關事證也蒐集完備，應檢附相關卷證，將B男移送地檢署偵辦。倘若B男「攜帶凶器或其他危險物品實行跟蹤騷擾行為」或「違反保護令」之罪嫌疑重大，有事實足認為有反覆實行之虞，而有羈押之必要者，得建請預防性羈押或羈押替代處分，有效防制行為人再犯。

(五)其他注意事項

因行為人為精神疾病註記，聲請保護令內容應包含建請法院核發命相對人完成治療性處遇計畫此款保護令（如表4-5）。

本法施行後，B男的行為涉嫌跟騷罪，警方除了可以跟騷罪調查移送外，亦可採取書面告誡或即時依職權聲請保護令等即時介入措施以保護被害人及約制加害人，或許可即時終止B男的跟騷行為，A女也不用求助無門而被迫離職，這應也是本法最主要立法目的，保護個人身心安全、行動自由，免於受到跟蹤騷擾行為侵擾，維護個人人格尊嚴。

表4-5　專櫃小姐長期遭盯梢案警方之處理

本法施行前之處理過程	本法施行後本案例之處理
一、**2020年7月31日** 民眾自行來電報案，警方到場了解後發現B男為精神異常男子且報案人當時亦無提及有長期騷擾之情事，經警方勸導後B男自行離去，未再有需警方協助之情事。 二、**2020年11月2日** 110獲報稱店家遭人騷擾，指派員警到場處理，係報案人A女聲稱B男到三樓櫃位自言自語遂報警求協助，經警方到場B男精神異常，經勸離後B男搭乘捷運離去。 三、**2020年11月6日** A女至派出所報案，稱遭B男騷擾，本案依社會秩序維護法受理。 四、**2020年11月17日** 警察分局依調查結果，認為A女長期遭受B男跟蹤，深受困擾，特別是在2020年11月2日再遭其跟蹤且經勸阻無效，並經A女檢具相關事證至派出所報案，經檢視A女所提供事證，B男犯行循勸認定，核其所為顯有違	一、**受理階段** 1. 詢明案情確認構成要件，B男對A女是以人員之方式，在違反其意願情況下，出於愛戀、喜好目的，反覆持續為四個多月的盯梢、守候行為，使A女心生畏怖足以影響其日常生活，已涉及跟蹤騷擾行為之罪嫌及職場性騷擾。 2. 進行警政婦幼系統跟蹤騷擾子系統通報並開案取（代）號。 3. 牽涉性騷擾行為，同時告知可進行性騷擾申訴；並詢問當事人是否提出刑事告訴及性騷擾申訴，如併提告訴或申訴，調查筆錄或訪談紀錄應分開製作（但注意刑罰優先原則及行政罰法第26條第1項一行為不二罰問題）。 4. 利用跟蹤騷擾案件管理系統，查明被害人歷次報案紀錄，如前案已核發書面告誡並生效且在二年內得協助被害人聲請保護令。

（接下頁）

本法施行前之處理過程	本法施行後本案例之處理
反社會秩序維護法第89條第2款（無正當理由跟追他人經勸阻不聽者處新臺幣3,000元以下罰鍰或申誡），全案依法裁處新臺幣1,000元整。	5. 製作調查筆錄、訪談紀錄。 6. 受理報案系統開立案件證明單給A女。 **二、調查階段** 1. 受理後啟動刑事調查，必要時可依刑事訴訟法等相關規定發動刑事強制處分，蒐集相關事證，如調閱監視器及詢問相關證人，確認二人關係，了解其B男於7月31日至11月初持續盯梢A女過程之言行舉止，特別是7月31日民眾報案警方到場瞭解後，為何至11月2日又不斷盯梢守候；A女對本事件之處理方式及對方之回應，本事件對A女生活影響與轉變等，並就「持續時間」、「次數」及B男的主觀要素等其他個別具體事案綜合判斷，以確認是否有反覆或持續實施與性或性別有關的尾隨、盯梢行為，而使A女心生畏怖足以影響其日常生活或社會活動。 2. 11月2日又若獲報後到達現場，有足夠證據認定B男正在對A女實施符合跟騷行為構成要件時，可依現行犯逮捕及發動相關刑事強制處分。 **三、即時保護措施** 1. 書面告誡 　不論被害人是否提出跟蹤騷擾告訴，有跟騷嫌疑者可依被害人請求，核發書面告誡；若警察依專業判斷，認個案有即時約制行為人再犯之必要者，應依職權核發書面告誡B男。 2. 被害人保護措施 　告知被害人得行使之權利及服務措施（如性騷申訴），必要時並應採取其他保護被害人之適當措施（參照家暴法第48條之作為）及教導防範措施或轉介相關權責機關保護服務之。 3. 保護令聲請 　經書面告誡後，二年內再有跟蹤騷擾行為，被害人得聲請保護令；考量本個案具體危險情境，警檢可不受書面告誡先行之限制，依職權聲請。

（接下頁）

本法施行前之處理過程	本法施行後本案例之處理
	四、刑案移送 1. 本罪逐一檢視B男行為符合跟騷罪構成要件，對涉案事證蒐集完備，檢附相關卷證，移送地檢署偵辦。 　(1) 實行方式：以人員為之。 　(2) 對特定被害人：A女。 　(3) 反覆或持續實施：時間持續四個月。 　(4) 違反其意願：A女已明示求救及躲避。 　(5) 與性或性別有關：基於愛戀、好感等屬戀愛強迫型。 　(6) 行為類型：盯梢、守候。 　(7) 使心生畏怖足以影響其日常生活或社會活動：害怕躲在廁所。 2. 倘若B男「攜帶凶器或其他危險物品實行跟蹤騷擾行為」或「違反保護令」之罪嫌疑重大，有事實足認為有反覆實行之虞，而有羈押之必要者，得建請預防性羈押或羈押替代處分，有效防制行為人再犯。 **五、其他注意事項** 因行為人為精神疾病註記，聲請保護令內容應包含建請法院核發命相對人完成治療性處遇計畫此款保護令。

資料來源：作者自製。

拾 結語

　　民間團體倡議多年的「跟蹤騷擾防制法」，就在2021年4月發生屏東女子遭糾纏擄殺後，朝野立委加速立法進度，並在2021年11月19日完成三讀立法程序，總統於2021年12月1日公布全文，並自公布後六個月施行。明確定義跟蹤騷擾行為，指以人員、車輛、工具、設備、電子通訊、網際網路或其他方法，對特定人反覆或持續為違反其意願且與性或性別有關之「監視跟蹤」、「盯梢尾隨」、「威脅辱罵」、「通訊干擾」、「不當追求」、「寄送物品」、「有害名譽」、「濫用個資」等八類行為，使之心生畏怖，足以影響其日常生活或社會活動；並對違

反者直接採取犯罪化模式，並聚焦在「與性或性別有關」之行為，且引入即時約制（書面告誡），二年內若再犯，可核發保護令及配合預防性羈押，並強調部門協力以保護扶助被害人及治療處遇相對人，以補充性別暴力防制之不足。倘若現行其他法律因考量當事人之身分、關係、場所（域）或性別等（如家暴法、性平三法），別有調查、預防、處遇、處罰或其他規定者，亦得適用之。因而針對反覆或持續「過度追求」的「跟騷行為」，基本上也是「性騷擾」，員警受理由亦應詢問當事人是否提出刑事告訴及性騷擾申訴，如併提告訴或申訴，調查筆錄或訪談紀錄應分開製作。

　　因此，本法施行後，若以被害人長期遭陌生男子於工作地點盯梢、守候為例，警方於受理報案後，應即開始調查、製作書面紀錄，判斷認定本案B男對A女是以人員之方式，在違反其意願情況下，出於愛戀、喜好目的，反覆持續為四個多的盯梢、守候行為，使A女心生畏怖足以影響其日常生活，已涉及跟蹤騷擾行為之罪嫌，除啟動刑事偵查程序之相關作為外，可依被害人A女之請求，核發書面告誡予行為人；倘若員警到達現場後，基於危害防止，依專業判斷，認為本案因已持續盯梢四個多月且客觀上已造成被害人害怕躲在廁所時，認有即時約制行為人再犯之必要者，應不待被害人請求，主動核發書面告誡；又若獲報後到達現場，有足夠證據認定B男正在對A女實施符合跟騷行為構成要件時，可依現行犯逮捕。若經書面告誡後，二年內B男再有跟騷行為，A女得聲請保護令；倘若員警考量本個案具體危險情境已明顯可見造成A女重大身心恐懼，可不受書面告誡先行之限制，究依職權聲請保護令，且在職權聲請保護令時，如B男有精神疾病註記，需特別說明請法官核發命相對人完成治療性處遇計畫令，如再有違反保護令嫌疑重大有事實足認為有反覆實行之虞，建請預防性羈押。另員警受理本案後，應告知被害人得行使之權利及服務措施，如判斷是職場性騷擾可依性別工作平等法提出性騷擾申訴；必要時，並應採取其他保護被害人之適當措施，如護送被害人返家及查訪相對人與訪查被害人及其家庭成員或是教導相關防範措施。如此規範，或許可即時終止B男的跟騷行為，A女也不用求助

無門而被迫離職，這應也是本法最主要立法目的。

　　由於本法是針對犯罪發生前的行為規制，係基於危險犯概念，使國家公權力得大幅提早介入調查及處罰，故未來執法時，對本罪構成要件及即時介入判斷基準難免會失準而引起爭議，因而本法施行後除了必須強化部門協力及注意執法人力配置外，加強相關執法教育訓練便很重要。目前教育訓練可針對之前發生的案例，對照新法施行後警方應有作為加以比較分析，讓基層同仁逐漸熟悉本法及其與其他相關法律之適用；亦即透過「累積案例」並持續觀察「行為態樣」來建構「適用規則」並「逐步檢核」之，讓執法準則更明確可行深值注意。

　　最後，期望藉由本文案例之研析，讓警察同仁能對本法構成要件及實務運用有更深層認識，積極用法，以為保護個人身心安全、行動自由、生活私密領域或資訊隱私，免於受到跟蹤騷擾行為侵擾，維護個人人格尊嚴。

國家圖書館出版品預行編目資料

跟蹤騷擾防制法逐條釋論／蔡震榮，黃瑞宜，
林朝雲，李錫棟，劉育偉，許福生著. ――
初版.――臺北市：五南圖書出版股份有限
公司，2022.07　面；　公分
ISBN 978-626-317-936-3 (平裝)

1.CST: 犯罪防制　2.CST: 法規

585.4　　　　　　　　　　111008891

1T92

跟蹤騷擾防制法逐條釋論

主　　編 ― 蔡震榮（378.1）

作　　者 ― 蔡震榮、黃瑞宜、林朝雲、李錫棟、劉育偉
　　　　　　許福生

發 行 人 ― 楊榮川

總 經 理 ― 楊士清

總 編 輯 ― 楊秀麗

副總編輯 ― 劉靜芬

責任編輯 ― 林佳瑩、李孝怡

封面設計 ― 王麗娟

出 版 者 ― 五南圖書出版股份有限公司

地　　址：106台北市大安區和平東路二段339號4樓

電　　話：(02)2705-5066　　傳　　真：(02)2706-6100

網　　址：https://www.wunan.com.tw

電子郵件：wunan@wunan.com.tw

劃撥帳號：01068953

戶　　名：五南圖書出版股份有限公司

法律顧問　林勝安律師事務所　林勝安律師

出版日期　2022年7月初版一刷

定　　價　新臺幣350元